"互联网+"背景下
高校英语创新教学方法研究

栗 娜 ◎ 著

吉林出版集团股份有限公司

图书在版编目（CIP）数据

"互联网+"背景下高校英语创新教学方法研究 / 栗娜著. 一 长春：吉林出版集团股份有限公司，2024.5

ISBN 978-7-5731-4870-4

Ⅰ. ①互… Ⅱ. ①栗… Ⅲ. ①英语－教学研究－高等学校 Ⅳ. ①H319.3

中国国家版本馆 CIP 数据核字（2024）第 079252 号

"互联网 +"背景下高校英语创新教学方法研究

"HULIANWANG+" BEIJING XIA GAOXIAO YINGYU CHUANGXIN JIAOXUE FANGFA YANJIU

著　者　栗　娜

出版策划　崔文辉

责任编辑　杨　蕊

封面设计　文　一

出　版　吉林出版集团股份有限公司

　　　　（长春市福祉大路 5788 号，邮政编码：130118）

发　行　吉林出版集团译文图书经营有限公司

　　　　（http://shop34896900.taobao.com）

电　话　总编办：0431-81629909　营销部：0431-81629880/81629900

印　刷　北京昌联印刷有限公司

开　本　787mm×1092mm　　1/16

字　数　250 千字

印　张　14.5

版　次　2024 年 5 月第 1 版

印　次　2024 年 5 月第 1 次印刷

书　号　ISBN 978-7-5731-4870-4

定　价　86.00 元

如发现印装质量问题，影响阅读，请与印刷厂联系调换。电话：010-82751067

前　言

　　互联网的逐步发展促使互联网思维在传统行业应用中进一步提升，互联网以全新的发展优势进一步推进了各行各业的创新发展，其中就包括高等教育，尤其是英语教学。互联网时代下，进一步探索高校英语教学的发展现状、存在问题与实施路径，不仅是互联网向教育领域的渗透融合，也是教育理念改革发展的方向之一。新时代背景下，在目前的教育体系中，随着物质需求的逐步满足，精神需求不断提升，学生的核心素养要求也逐渐受到多方的重视。对学校而言，英语课堂教学本身就是逐步培养学生英语核心素养的重要方式，也是引导学生逐步探索学习方式、提升实践能力、培养自身英语思维与逻辑能力的重要途径。互联网时代下的高校英语课堂正是深入贯彻国家教育政策要求、逐步凸显学生学习主体性的重要方式。

　　2015年10月第十五届中国教育信息化创新与发展论坛以"互联网＋教育"为主题，探索互联网与信息技术和教育的深度融合，以期促进我国教育信息化走向新阶段。伴随着信息技术的快速发展，英语教学也追寻着信息化的脚步，正经历着一场历史性的多元化变革。"互联网＋"时代教育改革的新思路和新目标就是实现信息技术和英语教学的完美整合，实现教学的全新模式，也就是既借鉴传统英语教学的精髓，又借助"互联网＋"时代提供的多媒体教学手段和数字化教学资源改革和创新传统的英语教学模式，形成适应"互联网＋"时代发展的新的英语教学模式，以提高英语教学效率。本书立足于互联网时代的发展背景与发展基础，深入剖析互联网时代高校英语教学的现状与存在问题，全面分析背后产生的原因，并进一步探索互联网时代促进高校英语教学发展的有效方式与策略。

　　由于笔者水平有限，本书难免存在不妥之处，敬请广大学界同人与读者朋友批评指正。

目 录

第一章 大学英语教学的理论基础

第一节 大学英语教学的现状分析

大学英语教学是高等教学的一个重要组成部分，也是目前大学生的一门必修课程，且这门课程的内容是与国家需求、社会需求及学生需求密切相关的。大学英语教学是一项综合性的语言教学活动。要想全面了解大学英语教学的基本知识，首先需要弄清大学英语教学的内涵与现状。

一、大学英语教学的内涵

大学英语教学是整体教学的重要组成部分。在进行系统分析之前，有必要先了解一些教学的相关定义。

对于教学的定义，不同的学者有着不同的阐释方式。

学者胡春洞指出，教学既包括教授，也应该包括学习，同时还应该存在教授学习的过程。

从上述定义中可以看出，教学中的教与学有着密切的互动关系，既需要教师认真的教，也需要学生积极的学。

牛津高阶词典指出，教学就是教师将知识、技能传授给学生的过程。相对于上述定义，这个定义带有狭义性。

高校教学是一个较为全面的过程，应该包括教授、学习、教学过程三个方面。

大学英语教学是高校教学的重要组成部分。在教学过程中，大学英语教学除了具备高校英语教学的特点之外，还在学科特点的影响下有着自身的特殊性。具体来说，大学英语教学是一门语言教学，与技能类教学有一定的区分。这种教学不仅需要在教学中向学生传授具体的语言知识，还需要让学习者了解语言背后蕴含的文化。

大学英语教学的最终目的是让学习者了解英语的使用方式，并且具备用英语进行交际的能力。

大学英语教学的文化属性也表现得十分明显。因为语言是文化孕育下的产物，是文化的外在反映。语言表达具有深厚的文化内涵，能够体现出交际者的文化背景信息和语言表达方式。在跨文化交际过程中，对交际者的文化背景进行分析也十分有利于跨文化交际的进行。英语教学也是文化教学，这个属性是为了英语教学的最终目标服务的，也就是切实提高英语学习者的语言交际能力。

二、大学英语教学的现状

英语教学作为一种工具性语言教育应该随着时代的变化而不断革新，而我国大学英语教学正处于传统教学向现代教学的转型期，因此难免会存在一些问题。下面就对大学英语教学的现状进行分析。

（一）教学发展不平衡

我国地域辽阔，各地区间的经济、政治、文化发展水平多有差异，这些差异体现在英语教育方面则表现为学生的英语基础水平、认知能力、理解能力、记忆能力等都相差较大。除地区间的发展不平衡以外，大学英语教学在听、说、读、写、译等各能力的培养力度上也是不平衡的。2007 年的《大学英语课程教学要求》中将大学英语课程的性质阐述为"不仅是一门语言基础课程，也是拓宽知识和了解世界文化的素质教育课程，兼有工具性和人文性"，其提出大学英语教学的目标是"培养学生的综合应用能力，特别是听说能力，使他们在今后工作和社会交往中能用英语有效地进行交际"，但是从大学英语教学的现状来看，我国大学生的这一交际能力还有很大的提升空间。

（二）教学资源匮乏

随着社会经济的发展和社会对教育投入的增加，当前国内高校的英语教学资源与 20 年前相比有了很大的改善。但是，随着高校的扩招和大学生数量的快速增加，教师队伍与教学资源已经不能满足如此巨大的需求。

第二节 影响大学英语教学的因素分析

关于影响大学英语教学的因素，有些学者将其分为智力因素与非智力因素；也有些学者将其分为主观因素和客观因素，还有些学者将其分为个性因素与共性因素等。笔者认为可以分为内在因素与外在因素。

一、内在因素

大学英语教学的对象是学生，所以学生是影响大学英语教学的重要内在因素。一般来说，内在因素包含语言水平、情感、记忆力、性别、年龄、背景知识、母语学习障碍、处理技巧、学习能力、自信程度、学习动机等层面。下面就其中常见的几项展开分析。

（一）学习潜能

学习潜能属于英语学习认知层面的因素，是一种能力的倾向。实际上，学习潜能就是说学生是否具备英语学习的天赋。一般来讲，要想提高学生的英语素质，就需要培养学生的综合能力，而学习潜能恰好能测试学生的英语学习水平。

在很多学者看来，学习潜在能力应主要包含以下四个层面：

第一，是否具备对语音的编码与解码能力。

第二，是否具备对语言学习的归纳能力。

第三，是否具有对语法习得的敏感性。

第四，是否具备联想记忆能力。

在这四项听力习得能力中，语音编码实际上属于语言的输入，而语音解码属于语言的输出；语言学习的归纳能力是学习者能否对语言的相关材料进行组织和操作；语法的敏感性是能否根据语言材料来推断语言规则的能力；联想记忆能力是指学习者能否对新材料进行吸收和同化。

但是不得不说的是，不同学生的学习潜能存在明显的差异，因此在大学英语教学中，教师应该从学生自身的实际出发，制定切实符合学生的教学策略，从而努力提高教师的教学水平与学生的学习水平。

（二）智力水平

与学习潜能一样，智力也属于人的认知层面的能力。所谓智力，是指具备高度的观察力、想象力、记忆力及逻辑思维能力的综合，对于进行抽象思维、习得语言、解决问题有着重要意义。而智力水平是学生本身智力所能达到的程度，它对大学英语教学也有着深远的影响。

一般情况下，如果学生本身的智力水平较低，那么就需要教师对其进行耐心的指导，但同时还需要学生反复加以训练，才能建设一套自己的英语学习技巧，提升自己的英语水平。但是很明显，这种英语教学方式缺乏一定的变通性和灵活性，因为一旦学习环境发生改变，学生就很难运用已经掌握的学习策略来解决实际问题。

如果学生本身的智力水平一般，那么他们只要经过教师的相关指导，再加上自己有针对性的训练，就会逐步形成适合自身的学习策略，从而掌握英语学习技巧。

如果学生本身的智力水平较高，他们自身就会具备较高的英语学习能力，本身就可以根据课堂讲解的内容与自身的经验相结合，创造出适合自己的英语学习技巧。

总之，在大学英语教学中，教师对学生的智力水平情况有一个清晰的把握，有助于运用恰当的方法传授学生英语学习的策略和技巧。同样，学生自身对自己智力水平有明确的了解也有助于自身英语学习方法的形成，并将这些方法灵活地运用到实际情况中，顺利地进行交际。

（三）学习风格

学习风格是学习者能力的偏好形式；是个人经验与环境相互交织而形成的；在一定条件下可以发生改变；具有独特性、稳定性、一致性；风格种类多样，且无优劣之分。学习风格种类多样，一般来说，它可以按照感知方式、认知方式来划分。

1. 按照感知方式来划分

学习者在学习过程中必然会运用到感知方式，而不同的学习者，其自身的感知偏好也会不同。因此，按照感知方式的不同，学习风格可以分为听觉型、视觉型及动觉型三类。听觉型是学习者运用耳朵学习的一种学习风格。通过听，学习者可以了解更多的信息，因此对教师的口头教学与听力教学有重要意义。这一类型的学习者往往习惯于教师的口头传授，但不擅长书面表达。视觉型是学习者运用眼睛学习的一种学习风格。通过看，学习者就可以获取重要信息。视觉材料具有直观性，并可以在学习者的头脑中形成清晰的视觉形象。这一类型的学习者往往习惯于教师利用板书或者多媒体工具展开教学，而不习惯口头传授的形式。动觉型是学习者通过实践学习的一种学习风格。通过实践，学习者可以获取新的知识和信息。换句话说，这类学习者习惯于挑战性的活动，并愿意去执行计划，在亲身实践中他们会体会到无比的快乐。

2. 按照认知方式来划分

认知方式是人们分析、组织、学习新信息和获取新经验的方式。不同的学习者，其认知方式和思维方式必然存在明显差异。根据认知方式的不同，学习风格可以分为场依赖型与场独立型、整体型与细节型、左脑主导型与右脑主导型。以学习者对自身情况是否依赖划分为场依赖型与场独立型。二者其实属于截然不同的信息处理倾向。其中前者的学习者容易受到外界干扰，需要依靠教师或者其他同学的帮助，习惯于从整体上进行思考，但不善于独立的思考和解决问题；后者的学习者一般不容易受到外界干扰，也不需要教师和他人的帮助，习惯于从细节上进行思考，对遇到的问题善于独立地思考和解决。但实际情况是大多数学习者都是介于这二者之间的。以学习者接收信息的方式划分为整体型与细节型。其中，前者的学习者善于从全面、整体的角度来解决问题，具有较高的直觉性和模糊性，但准确性与深刻性较低。当这类学习者遇到困难时，他们通常会寻求他人的帮助。后者的学习者善于对具体信息进行把握和记忆，从细节上着手进行分析和思考，以精细的形式对具体信息进行理解。这类学习者习惯将遇到的问题切分成细节来加以理解，且善于发现不同实体间的差异性。以学习者处理左右脑信息的强弱划分为左脑主导型与右脑主导型。其中，前者的学习者对信息的细节更加关注，擅长逻辑性分析，并能够取得较好的学习效果；后者的学习者习惯抓主旨大意，对自己的直觉十分确信，且具有很强的灵活性。

总之，学习风格对于大学英语教学及学习都有着重要的影响。对教师而言，他们应该充分了解学生的学习风格，只有这样才能对学生进行正确的指导。具体来说，可以帮助学生了解自身优势，形成全面且系统的学习风格；可以帮助学生判断自身的学习策略，确定这些策略是否具有合理性；可以在教学组织和教学安排中兼顾每一位学生的需求，从而有效激励学生进行自主学习。对学生而言，如果他们能够对自身的学习风格有一个清晰的了解，那么有助于他们找到适合自己的英语学习策略，不仅更关注自己的学习进程，找到进程中存在的缺陷；还能更加主动观察他人的学习策略，逐步拓宽自己的学习路径。

（四）学习动机

学习动机就是通过激发学习者的学习活动，使学习者朝着既定目标或方向努力的一种心理状态，它直接推动学习者不断培养适合自身特点的学习方法，提升自身的英语水平。对于学习动机的划分，不同学者也存在差异。以下介绍两种常见的划分方法。

1. 深层动机与表层动机

根据"刺激—反应"理论，文秋芳将学习动机划分为深层动机与表层动机两大类。前者指的是学生为了满足自己的兴趣、增加知识等深层次的非物质层面的需要而刺激产生的动力；后者指的是为了获得高薪金、文凭、好的工作等表面物质层面的需要而刺激产生的动力。

学生的学习动机不同，他们的学习目标也不一样。深层动机的学生往往是为了提高自身的语言知识，因此他们对英语有着较高的要求，英语学习的热情也非常饱满，采用的学习策略也更加全面、合理。表层动机的学习者一般时间有限，随着刺激的停止，动机也便停止了。而且，该类型的学生一般较懒惰，对英语学习的要求并不高。

2. 内在动机与外在动机

学习动机可分为内在动机和外在动机两大类。前者指的是英语学习本身激发了学习者对英语学习的兴趣，使学生能够保持英语学习的独立性；后者指的是受外在因素的影响，使学生被动地学习外语。

一般来说，内在动机的学生往往不会受外界的干扰，且其主要涉及两个层面：一是英语本身所存在的趣味性；二是学生对英语学习的态度。外在动机的学生通常是为了应对外界的刺激和压力，有着较大的强迫性。

学习动机对于英语教学和学习也有重要影响。如果某位学生的学习动机较为强烈，那么就说明他们有着明确的学习目标，对英语学习也有很大的积极性。相反，如果某位学生的学习动机较弱，那么他们在学习上就没有太大的积极性，也不会收到好的学习效果。可见，学习动机是影响学生英语学习的关键。

二、外在因素

影响大学英语教学因素除了内在因素之外，还有外在因素。而其中的外在因素主要包含教师和环境两个方面，下面对其逐一进行分析与说明。

（一）教师

教师是影响大学英语教学的最为重要的外在因素之一，对大学英语教师来说，教师的责任不仅仅是讲授语音、词汇、语法等基础语言知识，也不仅是传授听、说、读、写、译等语言技能，更重要的是教会学生如何使用英语学习策略。教师的教学理念、教学手段、教学态度、教学资料等都会对教学效果及学生的学习策略起到不同程度的促进或者制约作用。

从教学理念或者教学思想上来说，教师不同，其理念也就不同，因此会根据其自身的教学结构来进行教学。一般情况下，大学英语教学仍旧以教师为中心，这其实不利于学生培养自身的学习策略，也不利于提升自身的英语水平。从教学方式和教学活动来说，教师为了确保良好的教学环境与学习气氛，就必然会进行一些管理活动，而教师的这种管理对英语教学会产生一定影响。

因此，教师对大学英语教学的影响巨大。关于教师的素质问题，本书会在后面章节做详细探讨，这里就不再赘述。

（二）环境

大学英语教学对环境条件有一定的要求。一般认为，环境指的就是学校。其实不然，环境的范围非常广泛，一种是社会环境，一种是学习环境。

1.社会环境

社会环境是教师和学生可以利用的资源，是影响大学英语教学的重要外在因素之一。一般来说，社会环境因素可以分为两个层面，即物质环境因素和文化环境因素。

在大学英语教学中，物质环境处于基础地位，如是否具备适宜的学习场所、是否具备完善的图书资料和学习设施等。良好的物质环境有助于教师展开教学和学生展开学习。尤其是近些年来，现代信息技术（如多媒体、网络等）的注入和应用，课堂上师生之间互动的机会被人机取代，学习者可以从自身的实际情况出发来选择内容、制订计划。同时，学生也可以自主安排学习时间、地点，也能够在学习中主动提出问题并对问题寻求帮助和进行解答。可以说，现代信息技术的迅猛发展在一定程度上为教师的教学与学生的英语学习提供了更多的机会。

文化环境贯穿于听力教学与学习整个过程中。文化环境对教师的教学方式、价值观念及思维方式等都会产生重要影响，并且会影响学生的英语学习策略的形成和使用。例如，英语教学中过分重视知识层面内容的传授，而忽视了对学生科学的学习策略的培养；强调严于律己、独立思考，却忽视培养师生之间的合作意识。因此，很多学生并没有形成独立的英语学习策略，并且大多数学生仅仅将自己的学习限制在课堂这一范畴内，出现了"教师教了我就学，教师不教我就不学"的情况。

2. 学习环境

与社会环境相比，学习环境可能对大学英语教学有着更直接的影响，对学生建构和使用自己学习策略也有重要作用。

相对于社会环境，学习环境是比较特殊的，是学校教学活动和学生学习活动必需的主客观条件的综合体。一般来说，学习环境是为了满足学生身心发展需要而建立起来的育人环境。可见，学习环境是学生进行英语习得的重要外在因素。

第三节　大学英语教学的方法与原则

大学英语教学发展到现在已经形成了一个完善的体系。通过上述内容，我们已经对大学英语教学的内涵、现状、影响因素有了充分的了解，而要想有效完成教学内容，顺利实现教学目标，就需要采取合理的教学方法，还要遵循一定的教学原则。下面对这两部分内容展开详细的分析。

一、大学英语教学的方法

在大学英语教学研究中，教学法是讨论得最多的。这是因为英语教学是一种教育活动，为了保证良好的教学效果、完成教学任务和教学目标，教师就必须采用恰当的教学法。的确，在其他条件等同的情况下，使用不同的教学法会产生不同的教学效果。因此，教师必须对这些教学法有一个基本的了解和掌握。

（一）语法翻译法

语法翻译法又称为"古典法""翻译法""阅读法"等，是指通过翻译来对比母语与英语语音、词汇、语法之间的相同点和不同点，从而实现对英语的掌握和运用。在双语教学中，语法翻译法是一种比较常用的方法，因为其主要侧重于培养学生的阅读能力，使学生能够对母语得以充分利用和依靠，掌握两种语言的异同，以熟练运用两种语言。

语法翻译法是以教师为中心，教师向学生灌输英语知识和技能。在课堂上，教师主要是讲授，学生主要是记笔记，即使是提问，学生回答的内容也是之前讲过的规则。同时，语法翻译法主要是使用母语，然后通过翻译这一手段来检验教学质量。通常来说，使用语法翻译法主要有如下几个步骤：

第一，对上堂课内容进行回顾和复习。教学活动的内容一般是背诵课文或听写单词。

第二，讲解分析新单词。教师首先将新单词发音教授给学生，让学生反复朗读，进而熟悉单词，最后教师再讲解新词并介绍其使用规则。

第三，讲解课文中的语法规则，并让学生做语法练习加以巩固。

第四，逐词逐句地讲解课文，分析章节中的句子并进行翻译。

第五，提出一些问题让学生作答，以此来检查学生是否掌握了课文内容。

第六，简单回顾本堂课的内容，并布置作业。

（二）听说教学法

听说教学法又称为"句型教学法"，是指以句型为中心，对学生的外语思维能力进行培养的一种教学方法。在教学活动中，听说教学法着重引导学生避免使用母语，同时注重培养学生的听说能力，对学生的听力与口语进行反复操练，最终形成英语思维习惯。

听说教学法是在行为主义心理学的基础上产生的，被国外学者称为"第三代外语教学法"。听说教学法将语言能力分解成听力、口语、阅读、写作四项能力，并沿用至今。当今的大学英语教学中仍旧可以找到听说教学法的影子。听说教学法侧重机械性的操练，因此教师在教学中会尽量使用英语进行讲解，还会使用一些录音、录像等辅助设备，让学生能够持续模仿和练习，从而提升学生的语言应用能力。一般来说，运用听说法组织教学主要涉及如下几个步骤：

第一，通过录音、录像等辅助设备为学生介绍背景知识，在听和看的同时，教师用英语展开内容介绍。

第二，安排对话活动，可以是师生间的对话，也可以是生生间的对话，让学生练习所学内容。

第三，给出句型结构，让学生不断进行句型操练。

第四，多次播放录音和录像，让学生记忆对话或者篇章的内容，最后让学生达到可以复述或背诵的结果。

第五，回顾本节课堂的内容，并布置作业。

（三）情景教学法

情景教学法是师生将教学内容与场景、角色融为一体的仿真型教学模式。这一教学法消除了传统教学法的一些弊端。实践证明，情景教学法是对以讲授、问答、练习为主的教学法的补充，这有利于提升学生的语言运用能力，还有助于提高教师的教学质量。

情景教学法的实施有助于提高学生英语学习的积极性和主动性。具体而言，情景教学法包含如下几个步骤：

第一，课前准备。教师让学生对本堂课所要讲述的知识进行预习，将要模拟的案例资料预先告诉学生。

第二，创设情景。要尽可能地接近真实的场景，使学生一进入这个场景便有身临其境之感，能够迅速进入角色中。

第三，分配角色。包含独白者及场景中的各种具体角色。

第四，情景模拟。学生对案例场景进行完整的模拟。

第五，在模拟之后，教师对学生的表现进行点评，充分发现学生做得好的地方，并指出学生做得不合理的地方，然后和学生共同探讨如何改进。

（四）任务教学法

关于任务教学法，布朗认为任务型教学是将任务作为教学的焦点和中心，将学习过程看成与教学课程相关的一系列为目标服务的任务的集合。任务型教学法的特点就是将任务作为核心单位来组织英语教学，它以任务大纲为依据，以任务作为单位来组织英语教学，完成教学目标。即所有教学活动都是围绕任务来展开的，并为任务服务。

任务教学法在实施中主要可以从以下三个阶段着手，其中每一个阶段都有其自身的教学目标和方法。

任务前阶段的教学目的是让学生将自身的已有知识激活，帮助学生构筑语言系统和思维方式，还为了使学生具备完成任务所需要的知识，减轻下一阶段带来的压力。其主要包含两个小阶段：一是任务准备阶段，二是任务呈现阶段。

任务中阶段就是任务的实施阶段，是学生习得语言技能的阶段。在这一阶段，任务的选择是非常重要的。教师选择任务的难度过高或者过低都不利于学生的英语学习。在实施任务时，教师所采用的方式也是多种多样的，如小组形式、结对子形式等。其中小组形式是最常见的形式，在进行小组活动时，教师应对小组任务和个人任务都有明确的规定，并且给予学生恰当的指导。另外，为了鼓励学生，教师也应该作为小组中的成员参与其中，这样可以更及时地了解学生的学习情况，以便进行监督和指导，从而保证任务完成的质量。

任务后阶段主要涉及任务的汇报和任务的评价。在完成任务之后，教师可以让小组代表汇报任务完成的情况。这个代表可以由教师指定，也可以由小组决定。当学生汇报任务时，教师并不是让其自由发展，而是给予一定的帮助和指导，以确保汇报更加自然和准确。当各个小组汇报完之后，教师应该对学生的汇报情况进行评价，指出每组活动的优缺点，并选择出最佳小组。这不仅可以让学生品尝到成功的喜悦，也可以帮学生认识到自己的缺点，同时也能够对他人有一个理智的、正确的认识和评价，其有助于帮助学生形成良好的评价思维。

（五）分级教学法

分级教学又称为"差异教学"或者"分层教学"，是当前大学英语教学的主要方法和趋势之一。分级教学法的理论基础是因材施教理论和"i+1"理论，这两大理论都是以学生为中心的。对分级教学法有科学的了解和把握，有助于优化师资力量、提高教学水平、调动学生的积极性和主动性。下面就对分级教学法进行重点分析和探讨。

分级教学的实施标志着我国大学英语教学从传统的教学模式向现代教学模式转变，充分体现了以学生为中心的教学理念。在具体的实施过程中，大学英语分级教学模式应注意科学合理的分级、提高分级区分度、尽量避免负面影响、贯彻好升降调整机制及制定科学的评价标准。

1. 科学合理地分级

科学合理的分级对分级教学来讲十分重要，因为它是分级教学最终能够达到良好教学效果的关键和前提。为了实现分级的科学性，在实施分级时要遵循以下两点原则：一是统一考核分级与个人意愿相结合；二是考试结果与实际水平相结合。要想做到统一考核分级的科学性，首先要注意分级试题和标准的科学性。通常，分级试题要根据《大学英语课程教学要求》规定的各级词汇量，有层次、有计划地准备多套成熟的分级试题。分级编班一般在学生入校时就需要做好，在具体的实施过程中应注意以下两点：

首先，要以系为单位，以高考成绩为基础，然后结合分级考试成绩为学生安排班级。

其次，要仔细了解学生对分班的学习需求和个人意愿，充分尊重学生的意愿，激发学生的学习积极性。

2. 提高分级区分度

一般情况下，分级分数线是根据考试成绩来设定的，如高考成绩或摸底成绩，但是这样很难准确地测试出学生的实际英语水平。这是因为，学生对摸底考试的重视程度不同，所以最终结果也会存在明显的差异，甚至很多学生由于几分之差而落选高级班，这对这些学生来说是不公平的，也就失去了分级教学的价值。为了使分级具有较高的区分度，可以让广大学生参与到分级中来，使学生从单向选择转向多向选择。具体做法是：刚开始以考试成绩作为参考进行摸底，但同时要公布不同级别学生的不同点，以及这些学生在听、说、读、写、译各层面上的最终目标和学习要求，由学生根据自己的学习情况来自动申请级别，最终再由学校进行考核。这种分级方式不仅可以调动学生的积极性，还可以增强学生的自觉意识。

3.尽量避免负面影响

分级教学法是当前大学英语教学法的新事物，在管理方面、组织方面也存在着不可避免的缺陷，如对学生的考勤情况难以操控、操作过程过于复杂、很难培养学生的归属感等。这些问题在一定程度上对分级教学法的实施产生了影响。但是，要想建立起一套完整的教学法机制，首先就需要对这些问题予以正视，并努力制订完善的制度规范，从而避免这一教学法产生的负面影响，使分级教学法发挥最大的作用。

4.贯彻好升降调整机制

所谓升降调整机制，是指按照考试成绩和学生自愿的原则，在一定范围内对学生的级别不断调整，使学生的级别能够随着学生成绩和对英语的学习兴趣等的变化而变化。简单来说，对于进步的学生安排升级，以此来调动学生学习的积极性，也能为其他学生树立榜样；对于退步的学生安排降档，以此对其进行刺激，使这些学生不断努力来赶超前面的学生。

（六）交际教学法

交际教学法产生于20世纪70年代的西欧共同体国家，又可以称为"功能—意念法"或者"功能法"，其是建立在海姆斯、卡纳尔和斯温理论的基础之上的。该教学法强调学生的中心地位，注重教学过程的交际化和教学内容、教学方式、教学环境的真实性，且侧重实践模拟。

在交际教学法的实施中，小组活动是最常见，也最有效的一种途径。小组活动是将学生划分成若干个小组，由小组内部成员共同完成教师布置的任务，并在实践中不断提升自己的交际能力。进行小组活动，目的是不断提升学生的语言交际能力，给学生提供更多交际的机会。具体而言，小组形式的交际教学实践活动可以划分为以下几个步骤：

第一，对小组进行划分。首先，要确定小组的规模，一般认为3～6人是最适宜的人数，这样有助于学生进行面对面的交流和练习。其次，还要确定小组内成员的语言能力，一个小组内成员的语言能力不应都偏低或者都偏高，应该均衡搭配。

第二，教师对小组内成员进行分配角色，确定组长、副组长，主要是为了协调小组活动。

第三，布置具体的交际活动，活动的主题和素材应该从大多数学生的实际情况出发，并且每一个活动都应该选择一个恰当的、合理的主题。

第四，让学生根据这一主题展开讨论。

第五，教师对学生进行提问，激发学生积极参与的热情，在提问时应该先整体后局部，给学生充足的时间去思考，最后让学生给出答案。

（七）个性化教学法

英语教学是面向学生的，因此要始终坚持以学生为中心。学生不同，其心理特征和精神面貌也存在差异。因此，必须尊重学生的个性化特征及其身心发展的客观规律，这也是国家对大学英语教学工作最基本的要求。另外，不同的学生、不同的个体、不同的特征也要求大学英语教学应该将侧重点放在学生自身的爱好和特长上。因此，在大学英语教学中应采用个性化教学法，这不仅有利于提高教师教学的效果，也有助于促进学生的全面发展。

受教学理念、教学目标、教学技术等不断发展的影响，英语教学应该实施个性化教学法。在英语课堂教学中，采用个性化教学法可以发挥学生的个性特点，展现学生的个性优势，提升学生的个人能力，从而必然会提高英语课堂教学的效果。但是，如何实施个性化教学法呢？

首先，要尊重学生的个性发展。我国当前的教育教学十分关注学生的素质教育，而素质教育和学生的个性发展有着紧密的联系，两者是相互依赖、相辅相成的。因此，在大学英语教学过程中，教师必须要重视个性化教学对素质教育的意义，同时加强学生思想品德的培养，提升学生的综合素养。

其次，要尊重学生的主体地位。在英语教学中，学生占据着主体地位。因此，教师应该以学生为中心，充分尊重学生的主体地位，只有这样，才能突出学生的主体地位，充分发挥学生的主体作用，提高学生英语学习的积极性和主动性，从而有效地提高英语教学效果。

最后，要尊重学生的自尊心。自尊心是任何人类行为中最有渗透性的方面，对人类行为具有十分重要的影响。甚至可以说，一个人没有一定程度的自尊心、自信心和对自己的了解，就无法进行任何关于成功的认知和情感活动。就英语教学而言，学生的学习效率和效果受到自尊心的重要影响，而学生的自尊心在很大程度上来源于教师对学生的尊重。因此，每个教师都有责任尊重学生的自尊心，即使学生身上有各种各样的缺点，教师也不应表现出忽视或轻视的态度，而应多关注学生身上的闪光点，并予以肯定，这样才能帮助学生更好地进步。

二、大学英语教学的原则

教学原则是教师根据一定的教学目标，并遵循一定的教学规律来指导教学的一项基本要求和行为准则。大学英语教学的基本原则应该反映英语这门学科的特点，也应该反映学生学习英语的心理特点，同时还应该反映中国人教授英语与学习英语的特点。在具体的教学实践中，很多专家学者总结了一些基本的教学原则，用以指导当前的大学英语教学。

（一）学生中心原则

学生是教学活动的主体与内在因素，因而在英语教学中应坚持"以学生为中心"的原则，充分发挥学生的主观能动性，从而使教学质量得以提高，教学任务顺利完成。

学生中心原则指的是在教学中从学生的实际情况出发，进行教学活动的设计与开展。具体来说，学生的实际情况包括：真实的学习目标、真实的学习兴趣、真实的学习动机、真实的学习机制和真实的学习困难。

在具体的教学实践过程中，教师应该在考虑上述因素的同时鼓励学生积极参与教学活动，获得知识的体验，培养学生的语言能力、交际能力及应用能力。

在以学生为中心的教学原则下培养出的学生能够感受到自身在英语教学与学习中的地位，有助于使其以主人翁的态度进行英语学习，在学习上也会更加主动、积极。思辨能力的培养也应该以学生为中心来展开，重视学生在教学和能力培养中的中心地位。

（二）交际性原则

交际性原则符合英语教学的最终目的，因此是高校英语教学的重要培养原则之一。具体来说，遵循交际性原则下的英语教学需要注意以下几个方面的内容：

1. 重视英语教学的交际工具作用

英语是人类语言交际的重要工具，其通用语言的地位提高了人们对英语的需求性。高校英语教学的目的是让学习者了解英语语言，并掌握使用英语进行交际的技能。

因此，高校英语教学需要在以学生为中心的原则下，在交际性原则的指导下进行教学活动。在课堂教学过程中，教师需要重视交际性语言的教授，提高教学和实际交际的联系，切实发挥英语课堂教学的重要性。

除了在高校英语课堂教学中重视交际性之外，在学生的学习中也需要体现出交际性。教师需要将教学活动和语言的应用活动相结合，从而在整体上提高我国英语学习者的交际能力。

课堂教学是实现语言交际的重要途径，师生间、生生间的交际是主要的语言交际行为。鉴于课堂教学的重要性，教师可以利用相关的教育资料，为学生创设不同的语言交际情境，让学生能够切实感受到英语交际的实用性。在交际性原则培养下的英语学习者，往往对英语学习更有兴趣。

2. 重视语言语境的影响作用

我国传统的高校英语教学主要将教学重点放在语言知识的讲授方面，对学生的交际能力培养有所欠缺，这不利于学生在日后的跨语言交际中灵活地使用英语。

为了提高学生的交际能力，教师应该重视语言语境的影响作用。具体来说，语境主要包括时间、地点、交际者、交际方式、谈话主体等。

交际语境的不同，即使使用相同的语言表达方式也可能出现不同的交际效果。高校英语教学中应该重视语言语境的影响作用，并培养学生对语境的适应性和灵活性。例如，教师可以在课堂上创设不同的语言使用情境，让学生分角色扮演语境中出现的人物，并使用英语进行表达。这种练习活动不仅能够增强师生之间的交流，对于学生掌握语言也大有裨益。

3. 重视语言教学的生活性

高校英语教学是为了学生的生活服务的，因此在教学中需要重视教学的生活性。

教师可以将教学内容和学生所关心的话题进行整合，给学生提供充足的、内容丰富的学习资料。由于这些教学内容与学生的生活息息相关，容易引起学生的共鸣，最终可以调动学生的学习和参与意识，促进教学效果的提高。

（三）兴趣性原则

兴趣是英语学习的重要推动力，在强烈的英语学习兴趣下，学习者的语言学习效果会大大提升。学生能够用积极的态度探索不同的学习领域，在探索过程中又会加大英语学习的兴趣。

高校英语教学也应该重视兴趣性原则的影响范围，充分调动学生的情感因素，激发学生对英语学习的兴趣，从而营造一种积极向上的英语学习氛围。具体来说，兴趣性原则指导下的英语教学活动可以从以下几个方面着手：

1. 充分了解学生的特点

由于年龄、性格和学习阶段的不同，学生所表现出来的特点也不尽相同。教师应该充分了解学生的特点，尊重学生的基础上，提高学生学习英语的兴趣。

在高校英语教学实施中，教师需要从学生的生理、心理特点出发，制订不同的英语教学计划，选取灵活多样的教学手段，让学生切实体验到英语学习的乐趣。

2. 改变传统的英语教学方式和评价方式

在传统的高校英语教学中，主要是通过死记硬背的方式来进行教学的。这种"填鸭式"教学在英语学习的初级阶段可以收到一定的成效，但是在高校英语教学中却收效甚微。

鉴于此，教师应该创设符合高校生真实水平的教学内容，教学策略和实践也需要开发学生的英语思维，帮助学生内化与吸收语言知识，从而为日后的语言交际打下基础。

3. 对教材进行深度挖掘

教材是教学的指导性文件，在教学中有着举足轻重的作用。高校英语教师在教学前，应该认真、透彻地研究教材，充分挖掘教材中学生的兴趣点，避免教材枯燥对学生的影响，从而调动学生学习的积极性。

（四）发展性原则

所谓发展性原则，就是要保证所有学生的智力和非智力因素都得到发展。发展所有学生的智力因素与非智力因素既是教学工作的起点，也是教学工作的终点，还是衡量教学效果的重要标准。

高校英语教学过程既是学生认知、技能与情感交互发展的过程，又是生命整体的活动过程。因此，可以将学生的发展看成一个生命整体的成长，这个发展过程既有内在的和谐性，又有外在能力的多样性及身心发展的统一性。要实现英语教学的发展性，需要做到下面三点：

第一，教师要关注每个学生的成长，确保所有学生都得到发展。

第二，充分挖掘课堂上存在的智力和非智力资源，并合理、有机地实施教学，使之成为促进学生发展有利的资源。

第三，为学生设计一些对智慧和意志有挑战性的教学情境，以此来激发他们的探索和实践精神，使教学充满激情和生命气息。

（五）综合性原则

高校英语教学还应该重视综合性原则，将语音、词汇、语法等知识进行交互教学，从而提高教学的实用性。具体来说，综合性原则指导下的高校英语教学应该重视以下几个方面的内容：

1. 整句教学与单项训练相结合

由于英语教学是为了提高学生的语言应用能力，因此，教师在教学中最好采用整句教学的方式。

学生在学习到语言表达之后就能直接运用，有利于学生语感能力的提高。具体来说，整句教学的顺序是先教授简单的句子，然后再教授较为复杂的和长的句子，将整句教学和单项训练相结合。

2. 进行综合训练

语言学习是一个完整的整体，需要在教学中进行综合训练，也就是结合听、说、读、写四个部分。在高校英语教学中，听、说、读、写的培养是教学的主要途径，教师可以训练学生的多种感觉器官，保证四项技能训练的数量、比例、难易程度，从而使学生完成不同的学习任务。

3. 进行对比教学

由于英汉语言的差异性，在高校英语教学中还需要进行对比教学，引导学生在语言使用中学习单词、语法、语音。这种对比教学的方式能够促使整体教学效果的提高。

（六）渐进性原则

高校英语教学中的渐进性原则指的是具体的教学活动要根据学生的特点及年龄进行，要符合人类认知的规律及心理特征，做到从浅入深、由易到难。

循序渐进有利于将学生的已有知识、生活经验及好奇心联系起来，有助于我们认清事物发生及发展的过程，明晰所学内容的条理，逐步掌握解决问题的方法，形成解决问题的能力。贯彻这一原则需要做到如下几个方面：

第一，精心设计每个教学环节，明确各个教学环节的目标，选择最佳的方法及手段，使知识的呈现生活化和生动化，使形象与抽象逐步过渡、操作技能与逻辑思维的发展有机结合。

第二，保证每个教学环节过渡自然，做到承上启下。

第三，有序拓展知识网络，认识到每一次的学习都是知识的又一次积累和补充，以便形成较为完整的知识体系。

（七）灵活性原则

语言处于不断变化发展的过程中，是一个充满活力的开放性系统。因此，高校英语教学也要遵循灵活性原则。

1. 语言使用要有灵活性

学习语言的最终目的是交流沟通。教师要通过自身灵活地使用英语带动学生使用英语。在课堂教学中，教师应尽可能多地用英语组织教学，使学生感到他们所学的英语是活的语言。此外，教师还可以通过灵活的作业为学生提供灵活使用英语的机会。

2. 学生的学习方法要有灵活性

在高校英语教学中，教师需要积极探索符合学生学习规律和心理、生理特点的自主学习模式，从而帮助学生提高自主学习能力，使学生能够进行自我激励和监控，提高语言技能。

3. 教师的教学方法要有灵活性

英语教师在讲授语音、词汇、语法等语言知识和培养听、说、读、写、译等语言技能时要具体问题具体分析，应根据不同内容采取不同的教学方法。

（八）文化性原则

文化导入也是英语教学的重要原则。我国的英语教学将培养学生的英语交际能力作为教学的重点，而成功的交际既需要语言知识，也离不开文化知识。

在英语教学活动中，我们可以从以下几个方面来进行文化教学。

第一，注意捕捉教材中的文化信息。

第二，运用真实的情景教授文化知识。

第三，认真分析中西方文化的差异。

第四，充分利用多媒体与网络进行教学。

（九）持续性原则

在完成基础英语教学阶段的学习之后，学生还要向更高级别的英语教学阶段发展，继续进行英语学习。因此在英语教学中，教师就要坚持可持续发展原则，在实践中为学生打好向高级阶段学习的基础。具体可以从以下两个方面入手：

1. 做好知识的前后正迁移

遗忘是学习任何知识都不可避免的问题，因此我们必须通过巩固来习得语言知识。但仅凭巩固往往达不到满意的效果，而应在教学中培养学生的英语实践能力，也就是在发展中达到巩固，以巩固求发展。而巩固性和发展性需要在概念同化、知识和技能的迁移中体现出来。

因此，教学中应尽可能地通过各种方法来增大正迁移量，以便学生更好地掌握知识和提高实践能力。

2. 培养学生学习英语的正确态度

培养学生学习英语的正确态度也能提升学生学习英语的持续性。具体来说，教师应该重点培养学生积极的、勇敢的学习态度，要让学生感受到英语学习的乐趣，还要锻炼学生敢于使用英语进行交际的能力，促使学生将英语学习作为自身成长的一部分。

此外，教师还应着重培养学生的自信心和克服困难的意志。陈琳、王蔷、程晓棠等（2002）提出了几个培养和发展学生积极情感态度的建议。

（1）结合外语学习内容讨论有关情感态度问题。

（2）建立良好的师生关系。

（3）建立情感态度的沟通和交流渠道。

持续性原则的提出有助于学习者语言能力的不断发展，因此需要教师和学生的不断努力。从教师的角度来说，教师应该做好知识的迁移，让学生提高对知识的应用能力。从学生的角度来说，学生应该培养英语学习的正确态度，在思辨性思维的作用下提升英语自主学习能力和应用能力，提高自身的文化素养和语言能力，最终达到使用英语进行交际的能力。

（十）以就业为导向原则

以就业为导向原则主要适用于高职英语教学。这是因为高职英语教学具有特殊性，其教学过程更加注重实用性和准确性。大致而言，该原则需要高职英语教师注意以下几个方面：

第一，在教学过程中所讲授的内容要与高职学生未来所从事的职业紧密相关。

第二，在开展语言方面的实践训练时争取实现"零过渡"。换言之，高职院校可以与社会企业、事业单位进行有效合作，为学生提供更多的就业实践机会，在他们的帮助下顺利完成英语教学任务。

第三，《关于全面提高高等职业教育教学质量的若干意见》中指出，高职英语教学应该以强化学生职业能力的培养为导向，推行"双证书"制度，力争实现具有职业资格证书的 80% 的毕业生都能取得"双证书"。该政策就是倡导高职院校可以与社会上的一些"考证"机构合作，帮助高职学生在毕业时可以取得双证或多证，为自己的未来发展谋取更多的路径。

第二章 "互联网+"的发展历程与现状

第一节 "互联网+"的发展历程

当前,"互联网+"在各个领域都得以应用,既然本书侧重于外语教学,那么就需要审视"互联网+"在外语教学中的发展历程。

互联网技术不仅在人类教育发展的历程中起着重要的促进和支撑作用,还是推动教育模式演变的重要力量。互联网技术与外语教学的结合是当前外语教学改革的核心问题。纵观外语教学的发展历史,每一种教学理论和教学流派在外语教学中的实践都与"互联网+"的发展有着密切关系。首先,互联网技术的每一次发展都会影响并改变外语教学。其次,语言学习理论与教学理论的发展又为多媒体与外语教学的整合提供了重要的理论指导。显然,互联网技术在外语教学中的每一次应用都不断地扩展着信息的广度与深度。

一、19 世纪末至 20 世纪中期的状况

19 世纪末至 20 世纪中期,近代互联网技术迅猛发展,其显著特点就是电能与信息的结合。在外语教学中,主要的互联网技术就是视听媒体的应用。这些新型的教学媒体向学生提供了生动的视觉信息和听觉信息,使外语教学取得了很大的成就。其中,幻灯片、电视、留声机、录像、广播在这一时期使用广泛。下面主要对听觉媒体、视觉媒体、语言实验室展开论述。

（一）听觉媒体

所谓听觉媒体，是指发出的信息主要对人的听觉器官产生作用的媒体，如收音机、留声机、录音机、电话等。20世纪初期，与外语教学密切相关的留声机研究兴起，同时也产生了一些数量可观的论文。其中，克拉克（Clarke）曾发表了关于留声机的文章，文章说留声机对外语教学有极大的帮助，且教学实验也十分成功。在克拉克的实验中也证明了其比传统教学更能激发学生的好奇心和学习动机，从而增强学生的记忆力。

1912年，世界上第一教育广播的出现标志着收音机进入外语教学领域。作为留声机引入外语教学领域的延伸，收音机具有明显的优势，因其可以远距离展开教学。1920年之后，广播教育也开始兴起，如马可尼剑佛电台播出的教育节目、美国俄亥俄广播学校的成立等。无论距离有多远，只要有收音机，你就可以收听其教学。

电话作为一种听觉媒体，随着它的出现和普及，且费用的降低，使其在教学中的应用也占据了一席之地。电话辅助语言教学与传统正规课程的区别在于，学生可以通过电话来获取帮助或者进行反馈，也可以通过电话对学生进行测评。之后，讲词提示装置（teleprompter）大大提高了电话辅助外语教学的功能，其主要是由两个电话机和一个电子控制播放器构成的，这种改进的电话能够帮助教师与学生间创造真实的交谈环境，如可以将学生分入不同的房间，或者在同一房间被分隔开，进行电话交流。

（二）视听媒体

所谓视听媒体，是指发出的信息主要对人的视觉、听觉器官产生作用的媒体。

19世纪末，受夸美纽斯（Comenius）直观教学理论的影响，有学者开始探索使用幻灯来进行外语教学。1906年，美国宾夕法尼亚州的一家公司还出版了《视觉教学》一书，其中的主要内容是向教师介绍如何摄制照片，如何制作幻灯片、使用幻灯片等。

1920年，无声电影在外语教学领域开始使用，一些电影短片被分配给学校使用。1929 年，有声电影也很快被应用到外语教学中，随着无线电技术的发展，有声幻灯片、无线电播音也在学校应用开来。

随着有声电影的发展，视听教学也逐渐得到发展，电视、电影、录像等在外语教学中的应用也更为频繁。

（三）语言实验室

1939 年，美国一些高校开始使用录音磁带的录音机来辅助教学。之后，以录音机作为主要设备的语音实验室诞生，并在外语教学中广泛运用。20 世纪 50 年代，听说教学法广泛运用，这时的语言实验室也进入了黄金时期。

著名学者安德森（Anderson，1964）指出，"语言实验室的主要目的是为学习者提供一种学习经验，使学习者能够毫不迟疑地自动输出口语内容，而这就需要大脑来辅以分析支持"。[①] 洛奇（Lorge，1965）认为，"语言实验室就是为了外语课堂而发明的，其对外语教学而言意义重大"。他还指出，在语言实验室中，为了达到学习目的，模仿式的练习可以被评判、录制和删除。

但是，伴随着语言实验室的蓬勃发展，有学者对语言实验室提出了质疑。学者基庭（Keating，1963）认为语言实验室的建设是一种耗费很大的工作。在基庭的研究中发现没有利用语言实验室的学生的成绩要明显好于使用语言实验室的学生的成绩。基庭的研究受到了很多学者的批评。洛奇的实验证明，语言实验室应用于外语教学是具有积极作用的。他比较了三个年级法语班运用语言实验室的教学结果，比较的变量包含：朗读一篇法语报纸中的短文时的发音是否准确，语调是否正确；用法语回答问题是否流利，语法结构是否正确；听语速慢和语速快的口语材料产生的区别；做书面的多项选择和填空的词汇、语法、阅读等。比较的结果表明：一年级学生有良好的流利程度；二年级学生的流利和语调都比较好，三年级学生在慢速和快速听力材料上都表现良好。直到 20 世纪 70 年代，语言实验室仍然受到众多学者的推崇。

---

① Eugene W. Anderson.Review and Criticism[J].The Modern Language Journal,1964, Vol.48（4）：197-206.

二、20 世纪 60~70 年代的 CALL

随着计算机的问世，人类进入现代信息时代，当时就有人提出将计算机应用于语言教学。20 世纪 50 年代，计算机开始使用晶体管，其体积也在逐渐缩小，运算的速度却大大提升。到了 20 世纪 50 年代末期，出现了第一个计算机辅助语言学习 CALL（计算机辅助语言学习）程序。同时，以心理语言学家斯金纳为代表的行为主义理论也在该领域盛行起来。

20 世纪 60 年代是计算机应用于语言教学实践的开拓时期，而整个 20 世纪 60~70 年代是以计算机为核心的信息技术的发展时期。很多教学研究者、语言学家、工作者等都开始运用计算机，这都为计算机辅助语言教学的改革奠定了基础。这一时期也是"互联网 +"技术发展的重要阶段。

（一）斯坦福计划

20 世纪 60 年代，美国斯坦福大学社会科学系的数学研究学院开发了计算机辅助教学的项目。最初，这一项目是与 IBM 公司合作的，随后获得了联邦政府的帮助。其中的外语词汇学习研究对于 CALL 的设计有着极大的启发作用，因为其理论是建立在数学学习理论上的，而不是建立在外语教学操练上的。1967 年，理查德等人（Richard Atkinson et al.）建立了计算机课程公司，该公司将英语视为外语教学来进行分析和探究。同一年，理查德等人研发了一套一年级至六年级的计算机辅助教学程序，简称 CAI 程序，并使用这一程序对成千上万的学生进行测试，然后分析其学习效果。

在斯坦福计划中，斯拉夫语系的梵（Van Campen）主要负责 CAI 的子项目。在早期的研究中，梵从俄语计算机教学入门课程入手，将大部分的教学资料储存在计算机里，虽然这一练习方式与传统的俄语教学类似，但是其学习资料是运用程序的方式呈现的，且具备补课程序和保存学生学习成绩的功能，这明显优于传统课堂教学。另外，梵还分析了计算机控制程序和学习者控制程序的问题，在前者中，计算机控制学生的学习顺序和学习难度；在后者中，学习者控制学习决策。根据梵的研究发现，计算机控制程序要比学习者控制程序有效得多。这一研究成果为以后的个别化教学模式开辟了道路。

在这些课程的开发中，斯坦福的硬件设备也在逐步改善，电话被双语可视的播放系统，即 VDU 取代；录音机被计算机生成的听力系统取代。

（二）PLATO 系统

1960 年，美国伊利诺伊大学开发了 PLATO 系统，而建立这一系统主要是为了各大学开设基于计算机的外语教学课程。PLATO 系统对计算机辅助教学有着深远影响。其教学功能包含：给学生以大量学习包；提供注释文件式的交际系统，以此来支持师生间与生生间的交流与合作。科庭（Curtin，1972）是第一位使用 PLATO 系统进行语言教学的教师。科庭教授主要是教授俄语翻译成英语的翻译课，且只针对笔译。在他的研究中，基于计算机的学习系统会激发学生的视觉刺激，从而做出高频率的反应，且学习者会全神贯注于听课。在进行翻译训练时，该系统还可以为学生提供互动环境。

20 世纪 70 年代，PLATO 系统进行了重大的改进，且其覆盖语言教学的领域也逐渐扩大，教学内容则以训练和练习为主。其中，练习主要是根据某一种语言的特征来设置。PLATO 制作语言学习资料的主要动机就在于语言学习的实践性，而不是为课程设计提供抽象理论。另外，PLATO 系统一直在不断发展，甚至从 20 世纪 60 年代末期就具备了互动性的特征，如其终端可以让教师自己制作各种图形，或者可以使用罗马字体之外的其他字体来演示。

（三）Dartmouth 系统

20 世纪 60 年代，Dartmouth 学院建立了 Dartmouth 程序，其向使用者提供了互动支持的系统，该系统能够使计算机的反应速度达到与使用者互动的程度。尤其是 Dartmouth 专门为新手设计了一个 BASIC 程序，这在世界上有着深远的影响。

Dartmouth 程序的设计非常注重处理学生答案中的错误，他们开发了非常复杂的改错程序，从而帮助学生发现自己的打印错误，并将注意力集中于测试的内容上。同时，Dartmouth 的互动硬件与便利的软件资源相结合，有助于激发设计者更注重学生的需求。

（四）TICCIT 项目

1971 年 10 月，MITRE 公司向美国国家科学基金会提交了开发 TICCIT 的申请，其目的是利用 Texas 大学与 BYU 大学的资源传输系统进行全面的教学程序设计，以便于向两所大学输送完整的英语语法、写作、几何课程等内容。这一项目虽然投入了大量的资金，但是其硬件、软件、课件、辅助资料的开发也成了 CALL 发展史上的里程碑。

1974 年，TICCIT 开发的课件与凤凰学院、弗吉尼亚大学等联合运用。20 世纪 70 年代，TICCIT 的研究者又开发了录像光盘技术，这一技术在当时 CALL 的发展历史上可谓一个里程碑。

利维（Levy，1997）认为 TICCIT 是第一个真正意义上以一定教学理论为依据开发的多媒体系统，其核心在于学习者控制性能。学习者控制包含一些特殊的键，这些键上标注有"例句""规则""练习""目标"等，这些都可以帮助学生控制学习内容，并且可以选择适合自己的学习策略。

三、20 世纪 80~90 年代的 CALL

随着语言学理论的发展，CALL 到了 20 世纪 80~90 年代也开始变化和发展，并出现了一些新的程序和性能。

（一）交际机助时期

20 世纪 80 年代，随着认知科学与语言学理论的发展，行为主义时期的 CALL 模式由于缺乏交际功能，引起了很多学者的质疑。这一时期，乔姆斯基的理论开始在语言学界盛行起来。1984 年和 1986 年，《语言学习中的计算机》（ *Computers in Language Learning* ）[1]与《外语教学中的计算机：从课堂的角度看》（ *Computer in English Teaching：A View from the Classroom* ）[2]两本专著的出现标志着 CALL 向着任务教学与交际功能的方向发展。

---

[1] Higgins，John.Computers in Language Learning[M].Harper Collins [Imprint]；Harper Collins Publishers Limited,1984.

[2] Brumfit，Christopher.. Computer in English Teaching：A View from the Classroom [M]. Published in association with the British Council by Pergamon Press,1985.

学者安德伍德（Underwood, 1989）在对 CALL 的发展史进行研究时，为交际教学性能的 CALL 设计提出了以下几个前提条件：

第一，语言教学不是显性的，而是隐性的。

第二，强调的不是语言形式本身，而是语言形式的运用。

第三，学生不仅要使用预先规定的语法，还要能够创造语法。

第四，避免直接指出学生的错误，要灵活做出反应。

第五，避免使用各种手段来对学生的表现进行评价。

第六，尽量使用目标语教学，让学生可以感受目标语的学习环境。

这些条件与克拉申（Krashen）的创造语言学习习得环境条件相一致。安德伍德的创造交际式 CALL 的核心在于：采用人工智能技术对学习者输入的内容进行识别，并做出反应，以便创造出人与计算机之间有意义的对话环境。此外，安德伍德还对基于合作学习的程序设计等提供了构想。

自此之后，CALL 的研究者更加注重如何设计基于学习者学习任务的交际活动。虽然交际功能的 CALL 研究超越了程序教学的 CALL，但是其也受到了很多批评，因其并未实现真正意义上的交际功能。个别学者甚至认为，CALL 已经失去了发展的潜力。同时，随着人们对交际教学法的质疑，分离式的技能教学或结构教学已经很难满足当前语言学习的需要，因此，综合式的教学方式开始进入人们的视野。

（二）综合机助时期

20 世纪 80 年代末至 90 年代初，外语教学的中心开始从交际教学的认知观向社会认知环境对学习的影响这一层面转变。社会认知理论强调语言在真实社会环境中的运用。这一时期，项目教学、任务教学和专业内容教学等兴盛起来，并努力寻求其与真实环境的结合。因此，"综合机助时期"诞生。其目标是开发计算机辅助听力、口语、阅读、写作技能教学，使技术运用于语言教学的全过程。这一时期，多媒体技术是最重要的技术之一，因为多媒体技术以计算机为核心，将语言处理技术、视听处理技术、图像处理技术融为一体，并将语言符号和图像符号转变成数字信号，再由计算机进行储存、编辑、加工、控制、检索、查询等。

早期的综合机助教学的特点是对不同媒体间呈现信息的方式进行分析和探究。佩德森（Pederson，1986）认为，计算机能够帮助学习者有效完成某些特殊的学习任务，而这些任务在其他的学习环境中几乎是不能完成的。佩德森对软件内容及使用这一软件呈现内容的方式进行了区分，即呈现内容的不同方式代表了不同的解码选择，如声音、色彩、反馈、图片、控制、分析等，这些解码选择可能是促进学习者学习的重要因素。为了使评价解码更具有效性，佩德森还对解码选择的使用途径进行了分析和调查，并从中发现计算机能够对学习者是否重新检查并阅读文章进行控制。也就是说，当回答问题时，不进行重复检查并阅读的学习者要明显比一边检查并一边阅读的学习者更能回忆出更多的阅读内容。

普拉斯等人（Plass et al.，1966）也分析了多媒体注释对于阅读中效果的提升问题。通过测试，结果表明能够利用多媒体注释的学习者比那些没有接触多媒体注释的学习者能够得到更高的分数。因此，普拉斯等人认为多媒体注释能够使学习者接触大量的词汇，从而提升自己的词汇能力。

进入 20 世纪 80 年代中期，随着计算机硬盘空间的逐步增大，CD-ROM 和光盘在市场上频繁出现，促使多媒体技术更加广泛地应用于外语教学。超媒体的出现使多媒体有了更强大的功能。这也意味着多媒体资源可以相互链接，学习者只要按动鼠标，就可以寻找自己需要的路径，并在该路径上航行。马克·沃沙尔（Mark Warschauer）将超媒体的优点描述为以下四点：[①]

第一，使学习环境更加真实，因为音频和视频可以链接在一起。

第二，能方便地将听、说、读、写各项语言技能结合起来，可以使这些技能在一个学习活动中进行。

第三，学习者对学习有更大的控制权，他们不仅可以按照自己的进度学习，还可以在自己的路径上选择前进还是后退，直至到达需要的程序的不同位置。

第四，支持内容学习，但是不需要牺牲语言形式。

---

① Mark Warschauer and Deborah Healey.Computers and language learning an overview[J]. Language Teaching,1998，Vol.31（2）：57-71.

美国西北大学学习科学研究所研发的 Dustin 程序，是用于语言学习的超媒体系统。这一程序可以模拟一些真实的语言学习环境。例如，它可以模拟某一学生到达加拿大某机场，入关、乘坐交通工具、入住酒店等的全过程。虽然超媒体具有明显的优势，但是其软件仍未对外语教学的核心产生影响，即其智能化还存在明显不足，还未能够实现真正意义上的交际互动。

（三）智能 CALL

自 20 世纪 80 年代以来，由于早期微型计算机应用于外语教学存在某些局限性，所以更具灵活、复杂的计算机为外语教学服务已经成为一大趋势。人工智能计算机集认知科学、计算机科学、语言学等于一身，逐渐使该机器具有了人的某些智能行为，这就是智能 CALL。20 世纪 80 年代后期，在 CALL 领域，人工智能程序中的自然语言处理系统已经可以实现安德伍德的设想，即人与机器之间实现智能交流与互动。希金斯和约翰斯（Higgins & Johns，1984）在语法教学上提出了智能"语法园地"学习系统，这一系统创造的语篇可以使学习者通过回答、提问等形式达到学习的目的。

20 世纪 90 年代初，智能 CALL 有了一定程度的发展，一些研究成果也相继问世。永田（Nagata，1993）指出，传统的 CALL 程序仅仅使用的是简单的模式与技术匹配，且以将学习者的答案与计算机存储答案比较为主；但智能 CALL 具有自然语言处理功能，能够对学习者的答案进行分析，并将这些答案与目标语的语法规则进行比对，从而识别学习者答案中的问题部分。

但是，智能 CALL 具有明显的局限性。首先，智能计算机还不能使用自然语言与学习者进行对话，这就严重限制了学习者的对话能力。其次，覆盖模型要求学习者的思维与专家思维模式相一致，但是这并不符合语言习得的实际，缺乏合理性。最后，这样的智能 CALL 需要大量的人力、物力及较长的研究周期，因此制约了智能 CALL 的发展。

（四）外语教学中的 CMC

20 世纪 90 年代之后，随着计算机的发展及国际互联网的普及，CALL 的教学活动已经不再局限于课堂中计算机与学习者的互动，而是可以扩展到与世界上任何地方的学习者进行互动与交流。外语教学 CMC 应运而生。一般认为，CMC 是一种通过计算机与网络进行的交流，其目的主要是完成任务与实现交往。CMC 的交流方式可能是同步的，也可能是异步的。同步的交流如利用 Moos 系统进行在线聊天，异步交流如通过电子邮件或 BBS 等进行交流。

CMC 的最大优点在于教学活动是在匿名环境中进行的，这样的环境有助于营造更加公平的气氛。由于 CMC 过滤了文字符号以外的社交和情感暗示，使人们在虚拟的环境中可以按自己的方式来进行思考，并以自主的身份与他人进行思想和情感的交流，而教学的目的就是帮助学习者挖掘他们独立思考问题的潜能，并使其能够自主地进行思想交流。

科恩认为，传统的 CALL 只是对个别化指导、学生与机器的交流进行了强调，却严重忽视了以计算机为媒介的人与人之间的互动与交流。他分析了面对面课堂与电子课堂的差异，并从差异中总结出如下特点：

第一，电子教学环境中的同步写作可以对面对面教学中的心理紧张和认知情况进行缓和。

第二，电子交流是一种新的交流媒体，它是对面对面环境中缺少的诗意和副语言特征的补充。

第三，"拐弯抹角"式的讨论表明了 CMC 交流具有意义协商的特征。

此外，科恩还提出了一个假设，即认为同步交流比非同步交流能使学习者有更多的参与机会，从而产出更多的语言，也有更多的时间来对语言进行润色，还能进行更多的合作、拥有更强大的动机等。

但是，一些学者对 CMC 还存在质疑，如一些学者认为 CMC 不能像面对面交流那样实现即时传递学习任务及社会因素的信息等。另外，在 CMC 的虚拟环境中，社会准则对人的约束力也在逐渐减弱，致使 CMC 交流中出现了很多不规范的行为。同时，在 CMC 交流中，学习者的注意力大多集中于文字、图像上，这种简化的社交信号使人与人的交流丧失了情感因素，因此也会降低协作性与自我规约意识，这些都不利于形成友好的人际关系。如果语言学习离开了社会情感因素，那么必然会对学习者的社会交际能力产生影响。因此，对 CMC 与外语教学进行调整是未来 CMC 的发展趋势。

四、20世纪90年代后的万维网

1990年10月，欧洲量子物理实验室的研究者提出了建设超文本的项目，这一项目的主要研究成果是万维网（World Wide Web）的雏形。次年，万维网在CERN中心启动，其是作为因特网上基于HTML这一超文本形式的信息服务系统。1993年，第一届国际万维网大会召开及8月国际万维网委员会在波士顿的成立都推动着万维网的发展。

万维网环境应用于外语教学开始于20世纪90年代早期。与传统CALL环境相比，万维网学习环境的信息资源形式更具便捷性、多样性、时效性、共享性、丰富性、交互性，且这些资源可以快速链接到专业学习网站等，因此，万维网备受人们的欢迎和专家学者的关注。万维网辅助外语教学的网站有Italia2000网站、German for Beginners网站、以WebCT为课程模板的网站、Global English网站等。万维网对外语教学的影响主要有如下几个方面：

第一，万维网上最早的语言学习资料是以课本形式呈现的，但大量的资料集合语法练习并没有设置结构去引导一些没有专业经验和知识的使用者。当前的万维网已对这一现状进行了改善。

第二，语言虚拟课堂为学习者提供了更多可供选择的课件，学习者使用这些课件进行自己所需的学习。这一虚拟课堂趋于付费形式，使用时需要输入密码。

第三，万维网上的大部分语法练习都是结构课程的形式，这些练习大部分使用的是填空形式，有些是多项选择，有些是完形填空。

第四，当前，万维网已经逐渐形成了现成模板，可以直接用来制作学习游戏和网上小测验。

第五，随着万维网语言教学的发展，学习活动开始从基于任务的学习活动转向要求学生详细说明所经历的探索和查询过程。

第六，万维网发展最快的领域是资源的集合。当前，几乎每一个网站都能够大量地链接一种或者多种语言网站。

第七，虚拟链接使学习者进入真实语言环境变得更加容易，并且在线讨论的界面也变得更加友好。

第八，基于万维网的合作学习系统最能体现出合作学习的优点，是计算机支持合作学习的重大发展。

第九，万维网环境中的外语教师的职业发展需求也在不断优化和发展，万维网网站为教师提供了各种满足职业发展需求的环境。

综上所述，万维网环境对外语教学而言有着重要的影响，同时也引导着网络时代的外语教学的发展。但是，如何充分利用万维网的优势来辅助外语教学，是 21 世纪"互联网+"技术与外语教学整合的一大课题，也将推动着"互联网+"技术的发展。

五、20 世纪末走向 21 世纪初的"互联网+教育"

传统的英语教学模式是学校教学，其精髓在于以课堂、教师、教材作为中心，教师在讲台上将知识传授给学生。随着信息化程度的日益加深，外语教育的信息化程度也逐渐加深。早在 1996 年，清华大学的王大中校长就提出了发展现代远程教育的想法，并于 1998 年推出网上研究生进修课程。同年，教育部也在一些重点院校进行了远程教育试点。这种推广为广大外语学习者带来了机遇。

之后，为了更好地推进外语教育创新，对外语教学改革进行深化，促进现代技术在外语教学中的运用，教育部于 2003 年启动精品课程建设，提倡应该培养学生的自主学习精神，增加高校英语教学投入，建构精品课程体系。这些精品课程要求教师队伍、教学内容、教学方法、教材、教学管理等保证一流水平，为学生提供宝贵的和形式多样的学习平台。

2008 年，互联网与教育的结合出现了全新的开放式课程模式，即慕课，这一模式的产生受到了众多学者的关注，也将互联网与教育的结合推向了一个全新的高度，被认为是网络与外语教学结合的新革命。关于慕课的具体内容，会在下面章节做重点探讨，这里就不再赘述。

2019 年是新中国成立 70 周年，是全面建成小康社会、实现第一个百年奋斗目标的关键之年，也是深入贯彻落实全国教育大会精神的开局之年。从互联网教育行业的元年 2013 年起至今，短短 6 年时间里，"互联网+教育"经历了萌芽期、发展期、成熟期，由教育创新的新理念之一，成长为影响国家发展战略的新兴产业。互联网、大数据、人工智能等新兴技术与教育教学的融合，正在驱动一场新的教育变革。

除此之外，当前的新媒体也进入了人们的视野，其实际上是一个比较宽泛的概念，是运用网络技术、数字技术等，通过宽带局域网、互联网、卫星、无线通信网等手段向用户提供信息的一种传播形态。严格来说，新媒体应该被认为是数字化新媒体，其在外语教学中的运用也必然会带来一场新的革命。

第二节　"互联网+"的现状概述

互联网是当今人类的共有财富和共享资源，其迅速的发展给人们的生活也带来了深远的影响，甚至超出了科学家、政治家、人类学家等的预料。互联网让整个世界变成了一个"地球村"，给人们的生活、交往带来了重大改变。互联网的这种影响力是人们始料未及的。但必须承认的是在给人们带来便利的同时，互联网也存在着一定的弊端。基于此，本节就来分析"互联网+"当前的形势。

一、"互联网+"当前的形势概述

如前所述，"互联网+"的形成给人类社会带来了重大变革，改变着人们的生产、生活方式，但是"互联网+"也必然会造成一些不利影响。下面就重点分析"互联网+"的利弊。

（一）"互联网+"的利

当今，我们的工作、生活都离不开互联网，通过互联网，我们能够了解政治、经济、民生、社会等信息和内容，以指导我们的工作。同时，很多网络信息也在我们的日常生活中呈现，不知不觉地影响着人们的求学、婚姻、就业、娱乐、健康等方面，以至于在某些范围和领域，网络已经超越了学校和家庭的范围。

在满足人们精神生活需求的同时,过去的"读书破万卷"已经不能适应当前社会发展的需要,现在大多不用花钱或者花费很少的钱就可以从互联网上获取,甚至连书籍的内容、主题、分析等都已经设定好了。例如,网上的新闻资讯、球赛、电视剧等。应该说,这些都是互联网给人们带来的积极作用。

(二) "互联网+"的弊

互联网是一把"双刃剑",其对于一些道德观念、传统理念的颠覆也会对人们的价值观、人生观产生影响。很显然,如果任由互联网的内容不加规范地持续发展下去,很可能会对正常的社会秩序造成破坏和侵蚀。

二、 "互联网+教育"的当前形势

(一) "互联网+教育"具有可行性

"互联网+"代表一种新的经济形态,即充分发挥互联网在生产要素配置中的优化和集成作用,将互联网的创新成果深度融合于经济社会各领域之中,提升实体经济的创新力和生产力,形成更广泛的以互联网为基础设施和实现工具的经济发展新形态。简言之,它就是一种平台,一种工具,即一种包含海量信息的平台且能进行信息高速传输的工具,但这种平台和工具是革命性的。

教育是一种顺其自然的活动,旨在把自然人所固有的或潜在的素质,自内而外地引发出来,成为现实的发展状态。如果仅仅把互联网作为一种教育的工具,也就谈不上"互联网+教育"。要想实现互联网与教育的融合,必须让其发生化学反应,抓住创新这个关键,才能明确"互联网+"的作用。

"互联网+教育"作为一种教育理念,从发展的观点来看,这种理念很有必要性,也符合目前的客观现实,但是如何把这种理念变成生产力,则是我们要进行的教学改革,进行符合"互联网+教育"意义上的教学转变,也可称之为"教育+互联网"。教学离不开学生与教师,学生是受教育的或者说被引导的个体,这一点是毋庸置疑的,但教师是不是一个个体、团队、领域就难说了,传道、授业、解惑是靠言传身教还是使用教材、多媒体,还是富含不同深度、不同层次的教育载体。很显然，互联网自然会进入人们的视野。这不是对传统教育的颠覆，而是教育与现有环境的结合，是与时俱进的教育。

实施"互联网＋教育"教学需要具备的条件如下：

1.高度开放、传输便捷的互联网

这是开展互联网教育的物质基础。

2.知识结构合理的教学团队资源平台

教学团队是实施教学的根本所在，教学不论在什么时候都不是仅靠一个老师就能解决的，要想培养符合要求的人才就需要一个团队。目前，一般的学校都有教学团队，但团队的配置、团队应有的素质很难满足教学的要求。各个学校或者行业可能已经建立了相应的资源平台，但还不成熟，可能某些学校已经或正在建立自己的教学团队资源平台，仍需要进一步完善与提炼。不管怎样，知识结构合理的教学团队资源平台是进行"互联网＋教育"的基础。

3.丰富的资源与个性的发展方向平台

目前的互联网是丰富的资源与发展平台，但针对具体的专业或者学生的兴趣方向需要进一步细化或者教师的引导。

4.人才培养与社会需求的互联网平台

人才培养和社会需求的各自的平台似乎都能在互联网上找到，但如果是用于教育就还需要整合与及时更新，或者我们自己利用现有资源建立人才培养与社会需求的互联网平台。

具备了这四个条件，"互联网＋教育"就会水到渠成，进而发展成适合"互联网＋教育"的资源体系、方法体系、评价体系等。

（二）"互联网＋教育"的划时代意义

提出"互联网＋"的目的，初衷或者说关键应该是创新，失去了创新的思维去面对"互联网＋教育"，就会变成简单的叠加。熊彼特在其著作中提出"创新是指把一种新的生产要素和生产条件的'新结合'引入生产体系。它包括五种情况：引入一种新产品，引入一种新的生产方法，开辟一个新的市场，获得原材料或半成品的一种新的供应来源，建立新组织形式"。通过互联网，我们可以博学，也可以专攻；可以了解已有的发展历程，也可以为创新找到支撑；有正能量的东西，也有负能量的糟粕；有整个社会的发展，也有某个专业的进步；具备发展的过程，又能快速更新达到发展的可持续性要求；等等。从目前互联网的发展来看，不管是作为一种新产品还是一种新的生产条件与教育，二者都是能结合的，当然也是创新的。这样，我们提出"互联网＋教育"就有了深远的意义。

第三节 "互联网+"给我国高等教育带来的机遇与挑战

一、"互联网＋教育"的核心与本质

(一) "互联网＋"的内涵与特征

通俗地说，"互联网＋"就是"互联网＋各个传统行业"，但这并不是两者简单的相加，而是利用信息通信技术及互联网平台让互联网与传统行业进行深度融合，从而创造出新的发展生态。这相当于给传统行业加上了一双"互联网"的翅膀，然后助飞传统行业。具体而言："互联网＋金融"，由于与互联网的结合，诞生了很多普通用户触手可及的理财投资产品，如余额宝、理财通及 P2P 投融资产品等；"互联网＋医疗"，传统的医疗机构由于互联网平台的接入，使得人们在线求医问药成为可能。这些都是最典型的"互联网＋"的案例。事实上，"互联网＋"有以下六大特征：

一是跨界融合。所谓"＋"，本身就意味着跨界，意味着变革，意味着重塑融合。敢于跨界了，创新的基础就更坚实了；融合协同了，群体智能才会实现，从研发到产业化的路径才会更垂直。融合本身也指代身份的融合，客户消费转化为投资，伙伴参与创新，等等，不一而足。

二是创新驱动。中国粗放的资源驱动型增长方式早就难以为继，所以必须转变到创新驱动发展这条正确的道路上来。这正是互联网的特质，也就是用互联网思维来求变，进行自我革命，也更能发挥创新的力量。

三是重塑结构。信息革命、全球化、互联网业已经打破了原有的社会结构、经济结构、地域结构、文化结构。权力、议事规则、话语权在不断发生变化。"互联网＋"社会治理、虚拟社会治理会有很大的不同。

四是尊重人性。人性的光辉是推动科技进步、经济增长、社会进步、文化繁荣的最根本的力量，互联网力量的强大最根本的来源是对人性的最大限度的尊重、对人的体验的敬畏和对人的创造性发挥的重视。例如，UGC、卷入式营销、分享经济。

五是开放生态。关于"互联网＋"，生态是非常重要的特征，而生态的本身就是开放的。我们推进"互联网＋"，其中一个重要的方向就是要把过去制约创新的环节去掉，把孤岛式创新连接起来，让研发由人性决定的市场驱动，让创业人的努力有机会实现价值。

六是连接一切。连接是有层次的，可是连接性是有差异的，连接的价值也是各不相同的，但是连接一切是"互联网＋"的目标。

（二）"互联网＋教育"的核心与本质

一所学校、一位教师、一间教室，这是传统教育。一个网络、一个移动终端、几百万学生，学校任你挑、教师由你选，这就是"互联网＋教育"。在教育领域，面向中小学、大学、职业教育、IT 培训等多层次人群开放课程，可以足不出户在家上课。"互联网＋教育"会使未来的一切教与学活动都围绕着互联网进行，教师在互联网上教，学生在互联网上学，信息在互联网上流动，知识在互联网上成型，线下活动则成为线上活动的补充与拓展。

"互联网＋教育"不只会影响创业者，还有一些平台能够提供就业的机会，在线教育平台提供的职业培训能够让一批人实现职能的培训，而自身创业就能够解决就业。教育不只是商业，极客学院上线一年多，就用近千门职业技术课程和 4000 多课时帮助 80 多万 IT 从业者用户提高了职业技能。

其实在"互联网+"提出之前，互联网教育已经有了多年的发展历史。这表示即使政府不制订"互联网+"计划，"互联网+教育"的模式探索与尝试也已经展开，大数据、云计算、互联网……逐渐与教育相互结合，教育的形态被"智能"的力量重塑，可以说，教育行业已经实现了互联网化。互联网成为教育变革的一大契机，但是它只是针对传统教育的升级，其目的不是去颠覆教育，更不是颠覆当前学校的体制。基于此，笔者认为，"互联网+教育"的核心和本质就是基于"互联网+"技术实现教育内容的持续更新、教育模式的不断优化、学习方式的连续转变及教育评价的日益多元化。

1. "互联网+教育"：教育内容的持续更新

"互联网+"课程不仅仅产生了网络课程，更重要的是它让整个学校课程从组织结构到基本内容都发生了巨大的变化。正是具有海量资源的互联网的存在，才使得高等院校各学科课程内容全面拓展与更新，适合大学生的诸多前沿知识才能够及时进入课堂，成为学生的精神食粮，课程内容艺术化、生活化也成了现实。通过互联网，学生获得的知识之丰富和先进，完全可能超越教师。除了对必修课程内容的创新，在互联网的支持下，各类选修课程的开发与应用也变得天宽地广，越来越多的学校能够开设上百门的特色选修课程，诸多从前想都不敢想的课程如今都成了现实。

2. "互联网+教育"：教学模式的不断优化

"互联网+教学"，形成了网络教学平台、网络教学系统、网络教学资源、网络教学软件、网络教学视频等诸多全新的概念。其不但帮助教师树立了先进的教学理念，改变了课堂教学手段，大大提升了教学素养，更令人兴奋的是传统的教学组织形式也发生了革命性的变化。正是因为互联网技术的发展，以先学后教为特征的"翻转课堂"才真正成为现实。同时，教学中的师生互动不再流于形式，通过互联网，完全突破了课堂上的时空限制。学生几乎可以随时随地随心地与同伴沟通，与老师交流。在互联网的天地中，教师的主导作用完全得到了发挥，教师通过移动终端能即时地给予学生点拨指导。同时，教师不再居高临下地给学生灌输知识，更多的是提供资源的链接，实施兴趣的激发，进行思维的引领。由于随时可以通过互联网将教学的触角伸向任何一个领域的任何一个角落，甚至可以与远在千里之外的各行各业的名家能手进行即时视频聊天，因此，教师的课堂教学变得更加自如，形式更为多样。当学生在课堂上能够获得他们想要的知识，能够见到自己仰慕的人物，能够通过形象的画面和声音解开心中的各种疑惑时，可以想象，他们对于这一学科的喜爱将是无以复加的。

3."互联网＋教育"：学习方式的连续转变

"互联网＋学习"创造了如今十分红火的移动学习方式，但它绝对不仅仅是作为简单的、随时随地可以学习的一种方式而存在的概念，它代表的是学生学习观念与行为方式的转变。通过互联网，学生学习的主观能动性得以强化，他们在互联网世界中寻找学习的需求与价值，寻找不需要死记硬背的更加高效的学习方式，寻找可以解开自身诸多学习疑惑的答案。研究性学习倡导多年，一直没能真正得以应用和推广，重要的原因就在于它受制于研究的指导者、研究的场地、研究的资源、研究的财力物力等，但随着互联网技术的日益发展，这些问题基本都能迎刃而解。在网络的天地里，学生对研究对象可以轻松地进行全面的多角度的观察，可以对相识与陌生的人群做大规模的调研，甚至可以进行虚拟的科学实验。当互联网技术成为学生手中的利器时，学生才能真正确立自身的主体地位，摆脱学习的被动感，自主学习才能从口号变为实际行动。大多数学生都将有能力在互联网世界中探索知识，发现问题，并找出解决问题的途径。"互联网＋"学习，对于教师的影响同样是巨大的，教师远程培训的兴起完全基于互联网技术的发展，而教师终身学习的理念也在互联网世界里变成了现实。对多数使用互联网的教师来说，他们十分清楚自己曾经拥有的知识，是以怎样的速度在锐减老化，也真正懂得"弟子不必不如师，师不必贤于弟子"的道理。互联网不但改变了教师的教学态度和技能，同样也改变了教师的学习态度和方法。他们不再以教师的权威俯视学生，而是真正蹲下身子与学生对话，成为学生的合作伙伴与其共同进行探究式学习。

4.“互联网＋教育”：教育评价的日益多元

"互联网＋评价"，其实就是另一个热词——"网评"。在教育领域里，网评已经成为现代教育教学管理工作的重要手段。学生通过网络平台，给教师的教育教学打分，教师通过网络途径给教育行政部门及领导打分，而行政机构也通过网络大数据对不同的学校、教师的教育教学活动及时进行相应的评价与监控，确保每个学校、教师都能够获得良性发展。换句话说，在"互联网＋"时代，教育领域里的每个人都是评价的主体，也是评价的对象，而社会各阶层也将更容易通过网络介入对教育的评价。此外，"互联网＋评价"改变的不仅仅是上述的评价方式，更大的变化还有评价的内容或标准。例如，在传统教育教学体制下，教师的教育教学水平通过学生的成绩来体现，而在"互联网＋"时代，教师的信息组织与整合、教师教育教学研究成果的转化、教师积累的经验通过互联网获得共享的程度等，都将成为教师考评的重要指标。

总之，"互联网＋"被纳入国家战略的顶层设计意味着"互联网＋"时代的正式到来，教育工作者只有顺应这一时代变革，持续不断地进行革命性的创造变化，才能走向新的境界和高度。

二、"互联网＋"给中国高等教育带来的机遇

随着工业社会向信息社会的过渡与转型，国际化和信息化已经成为高等教育发展的必然趋势。特别是"互联网＋"时代的到来，以及最近几年大规模公开在线课程的广泛兴起，都促使着世界范围内高等教育格局的竞争与变革。在这种背景下，中国高等教育的发展方式正在全面转型，而这种转型也给中国的大学教育带来了更多的机遇。

（一）"互联网＋"让大学教育从封闭走向开放

"互联网＋"打破了权威对知识的垄断，让教育从封闭走向开放，使得优质的教育资源不再局限于少数的名校中，人们不分国界、不分年龄都可以通过网络接触到最优质的教育资源。在全球开放的时代下，正在加速形成一

个基于全球性的知识库，通过互联网，人们可以随时随地从这个知识库中获取各国各地区优质的学习资源。

在我国，教育尤其是大学教育的质量具有较大的差距。进入大学之前，虽然城市之间与城乡之间不可避免地会出现师资力量的差距，但是由于总体上大家接受的都是差不多的标准化教育，相互之间的差距也并不是非常明显。但是，大学教育却与之不同，同一个专业在不同的学校开设的课程是不一样的，培养方法也是不一样的，再加上学校开设课程时间的长短及教师对于课程方面研究的程度、课程解读的不同，都会形成不同的教学效果。

（二）"互联网＋"降低了学生接受大学教育的成本

"互联网＋"出现后，高校学生可通过较低的成本得到最优质的教育资源，从而促进更多的学生主动学习，避免了很多由于家庭贫困而上不起大学的学生得不到优质的教育的问题。互联网极大地放大了优质教育资源的作用和价值，从传统的一位优秀教师只能服务几十名学生扩大到能服务几千名甚至数万名学生，同时也使大学教师从繁重的教学任务中解脱出来。另外，互联网联通一切的特性让跨区域、跨行业、跨时间的合作研究成为可能，这也在很大程度上规避了低水平的重复，避免了教师一年又一年重复的教学讲解。

（三）"互联网＋"改变了大学教育的教学模式并加速了教育的自我进化能力

通过互联网，使得教师和学生的界限不再泾渭分明，改变了传统的"以教师为中心"的授课形式，使其转变成"以学生为中心"的授课形式。在"校校通、班班通、人人通"的"互联网＋"时代，学生获取知识已变得非常快捷，师生间知识量的天平并不必然偏向教师，教师必须调整自身定位，让自己和学生成为学习的伙伴和引导者。

在互联网中的用户思维就是指在价值链的各个环节都要"以用户为中心"去思考问题，根据用户的需求进行服务。在"互联网＋"时代，利用大数据分析学生的特点，可以准确分析学生的兴趣爱好、认知水平、接受能力等，然后在此基础上因材施教。现在为了满足学生的需要,互联网为学生提供多种学习模式,如体验式学习、协作式学习、混合学习等模式。而其中最具特点的是4A(Anytime、Anywhere、Anyway、Anybody)学习模式,即学生可以在任何时间、在任何地点、以任何方式、从任何人那里学习。这也在一定程度上体现了培养学生尤其是大学生自主学习的理念。

传统教育体系中包括教育对象和教育环境两大体系。教育对象指的是学生,而教育环境则包括了学习主体以外的周围的事物,包括教师、教学内容、教学条件等。在传统的教学系统中,我们的出发点和落脚点都在考试和升学,对于人的发展则关注得比较少,因此,学生个体之间缺少差异性。但英国著名教育理论家怀特提出,学生是有血有肉的人,教育的目的是激发和引导他们的自我发展之路。换言之,教育的核心是要充分调动人的主体意识,使其在学习、发展过程中变"被动"为"主动",产生积极主动的心理状态,从而提高自身的认知水平和学习效率。而互联网时代正好强调的就是主动性和创新性,是通过提升学生的主动性来提升教育的能力。

首先,当"互联网+"进入现有的教育体系之后,打破了原有的教育体系的平衡,敲开了教育原本封闭的大门,为传统的教育体系提供了新的知识信息源泉,使得原有的学生子系统能够更为快捷和方便地与外部的大系统进行知识的交互,并获取信息,因此推动了自身知识的增长,从而推动教育的自我进化能力。其次,互联网的虚拟环境能够为学生创造一个拟真世界,学生能够利用互联网从三维的视角去认知、探索世界。陶行知曾经说过"劳力上劳心"才是创新人才的办学模式。陶行知批评说:"中国的教员、学生,实在太迷信书本了。他们以为书本可以耕田、织布、治国、平天下;他们以为要想耕田、织布、治国、平天下,只要读读书就会了。"陶行知认为,学习应该是实践与认知相结合的过程,而非沉浸在书本中,但是我国传统的教育却是一味地学习书本的知识,甚至是学习过时的知识,所以才会出现所谓的"纸上谈兵"的现象。而"互联网+"的时代,学生能够通过网络中的拟真世界进行一些相应的实践,并随时根据网络的信息更新知识,如管理专业的学生能够通过网上进行沙盘模拟获知与企业运营相关的知识等,由此加强学生的实践操作能力。

三、"互联网+"给我国高等教育带来的挑战

(一)"互联网+"使我国大学教育面临市场化的冲击

长期以来，大学一直被认为是知识和学习的中心。其间，尽管科技手段带来了巨大的社会变革，如活字印刷、工业革命、电报、电话、无线电、电视机和计算机等的发明和使用，但是大学生产和传播知识、评价学生的基本方式一直未变。有一种观点认为，正像那些以信息为核心的产业（如新闻媒体、报纸杂志、百科全书、音乐、动画、电视等）一样，高等教育很容易受到科技的破坏性影响。知识的传播已不仅仅局限在大学校园，云计算、数字课本、移动网络、高质量流式视频、即时信息收集等技术方面的可供性已将大量知识和信息推到"无固定地点的"网络上。这一现象引起了人们对现代大学在网络社会中的使命和角色的重新审视。有关大学未来的争论，一个主要的驱动因素集中在它已陷于四面楚歌的商业模式上，学生和家长们为不断飙升的学费而苦恼，他们越来越质疑自己对高等教育学位的负担能力，以及学位作为求职证书的最终价值。

在上述背景下，新技术催生了相关的教育市场，大规模公开在线课程开始备受人们关注。2011年夏，斯坦福大学计算机科学教授塞巴斯蒂安·特龙（Sebastian Thrun）宣布在网上免费公开自己的秋季课程，并附上课后练习题和随堂小测验后，其选课人数迅速增加。社会公众认为，大规模的公开在线课程不仅能充分利用有限的教师资源来教授大量课程，达到教学成果最大化的目的，还可以降低人们求学的经济成本，可有效缓解大学教育面临的经济压力。虽然在线课程让更多人"走进了"课堂，但它依然饱受争议，德尔班科坚称："传统课堂上的教学体验是在线课程无法替代的。"另外，他告诉记者，在线课程会催生教育界的超级巨星。例如，哈佛大学政治哲学领域教授迈克尔·桑德尔（Michael Sandel）因在网上公开了自己的演讲而声名大噪，随即拥有了数量众多的追随者。然而，这给那些没有名气的教授带来了很大压力，使他们很难在教学中得到安全感。德尔班科对记者表示，"如今真正需要思考的是，有多少人能从在线课程中获得真才实学？关于学生是谁、学

生的具体问题是什么、怎样有针对性地解决学生的问题等问题，都需要教师
与学生进行面对面的交流来寻找答案"。

无论是否存在争议，大学都已经发现竞争对手正在侵蚀自己的传统使
命，这包括营利性大学和可汗学院等非营利性学习组织、系列讲座的提供商、
iTunesU 等网络课程在线服务机构，还有为特定行业和职业提供指导和认证
服务的大批专业培训中心，与实体教育机构相比，它们都能更快捷地提供规
模化的网上教学服务。因此，尽管有时受制于财务预算和抵制变革的学术文
化的影响，高等教育管理者们仍在努力应对，并着手进行改革。佩尤研究中
心 2011 年对大学校长的一项调查发现，超过 3/4（77%）的受访者声称他们
学校提供网上课程。有一半的受访校长认为，在未来 10 年中，他们学校会
有部分学生注册一部分网络课程。近年来，弗吉尼亚州大学有关大学校园变
革的紧迫性和变革速度的争论热烈。校董事会认为，校长特蕾莎·沙利文未
谋求快速的变革，因此经过表决要求她下台。教师、学生和校友一片哗然，
一阵骚动之后，董事会改变了原来的决定，恢复了特蕾莎·沙利文的职务。
不过，学校在她复职的一周内宣布：本校要加入私人开办的在线教学服务公
司 Coursera。这意味着该校将会加入其他诸多精英研究性大学的一个团体——
这些学校包括杜克大学、约翰霍普金斯大学、普林斯顿大学、斯坦福大学、
宾夕法尼亚大学等，成为 Coursera 网络联盟机构的一个成员。截至 2017 年，
Coursera 的大规模开放式网络课程（MOOC）已经对其学生免费提供，使全
球数百万人获得了不受限制地聆听该国一些最知名大学课程的机会。此外，
MITx、2tor、Udacity 等其他年轻公司，也以类似的方式吸引了数量惊人的学
生来注册。

（二）"互联网 +"使我国大学教育面临国际化的冲击

事实上，经济全球化的迅猛发展，使得人力资源和物质资源在世界范围
内的跨国、跨地区流动成为新常态。这种资源的流动已经渗透到教育领域——
教育要素自发在国际流动，教育资源自发寻求优化配置，世界各国间的教育
交流日益频繁，竞争更加激烈，并且形成了教育国际化的大趋势。教育国际
化既是经济全球化的必然产物，也是各国政府教育战略的重要目标。各国在

人才培养目标、教育内容、教育手段和方法的选择上，不仅要以国内社会经济发展的需求为前提，还要适应国际产业分工、贸易互补等经济文化交流与合作的新形势。因此，教育国际化的本质，归根结底就是在经济全球化、贸易自由化的大背景下，各国都想充分利用"国内"和"国际"两个教育市场，优化配置本国的教育资源和要素，抢占世界教育的制高点，从而培养出在国际上有竞争力的高素质人才，并为本国的国家利益服务。

从方法论的角度讲，教育国际化，就是用国际视野来把握和发展教育。从各国的教育国际化实践来看，教育要素在国际上的流动，最早始于各国高等教育之间，并由此波及中等教育、基础教育、职业教育等领域。著名教育问题研究专家钟秉林认为，教育领域的人力资源流动就是教师和学生的流动，物质资源流动就是教学资源的流动，如课程、教材、课件等。而这些要素流动的载体，就是各类不同形式的国际教育项目。"合作办学就是一个载体，通过这个载体，国际化的课件、教材都可以流动起来，同时还会伴随着学生和教师的国际流动。更重要的是，随着师生资源和教学资源的流动，必然伴随着教育观念、教学方式、管理方式的跨国流动与融合。这是各国教育谋求发展的一个重要机会，很有挑战性。"通过教育国际化进行资源重新配置的方式有很多，如出国留学与来华留学、访学游学与国际会议、合作研究与联合培养、结成友好学校等，这些途径为教育国际化搭建了平台，为国际教育要素的流动提供了载体。

（三）"互联网+"使大学生受到学习碎片化的影响

祝智庭认为，学习碎片化起始于信息碎片化，进而带来知识碎片化、时间碎片化、空间碎片化、媒体碎片化、关系碎片化等。即学习者可以利用乘坐公交车、课间休息、睡前10分钟等零碎时间，通过网络获取一些零碎的知识进行学习。碎片化学习资源具有短小精悍、结构松散，传播迅速、生命周期短，去中心化、多元化与娱乐化及多方式表达、多平台呈现的特点。也正是这些特点，可能导致学生对网络学习产生障碍。首先，碎片化知识短小精悍、结构松散，促进了学生认知方式的转变，对新知识的呈现形态提出新的要求，学生适应了简短的信息阅读方式，可能会对较长的信息和图书阅读产生不适感。长期以来，我们受到的大学教育都是系统的知识教育，而结构松散的知识要求学生能够对知识进行加工建构，如若不行，学生就会产生认知方面的障碍，甚至以偏概全。其次，碎片化知识传播迅速、生命周期短，这样就对学生的记忆能力提出了一定的要求。一直以来，高校学生都习惯了纸质书籍这种连续的、线性的知识获取方式，先后信息相互联系并具有一体性，这样便于学生对知识进行记忆。但是，碎片化知识以短时间记忆为主，因此学生日后进行信息的提取时可能产生虚构和错构，导致信息失真。最后，碎片化信息去中心化、多元化、娱乐化等特点，导致学生的思维不能集中，容易产生思维跳跃。知识碎片的多元化导致学生正在思考的内容很容易被环境中时刻变化的新信息吸引，尤其是被娱乐信息吸引，导致无法围绕一个主题进行深入思考。同时，由于大量碎片化知识和信息唾手可得，而其中大量的信息内容空虚、缺乏价值甚至是毫无价值的，而学生对于这类信息不加以思考就全盘接受，导致思维活动空洞，毫无深度可言。正是因为互联网下的教育与各行各业的知识在不断融合，知识不断更新拓展，知识的复杂度提高，信息以指数级增长，且呈现出碎片化的形式，可用的资源虽然丰富却鱼龙混杂。在传统的学习模式下，学生一直接受的是填鸭式的教育，对于知识实行的是全盘接受，无须考虑其他。但是，在互联网时代，却需要学生对知识信息进行加工处理，而这对学习能力不足、信息加工处理能力不足的学生来说是一个巨大的挑战。

（四）"互联网+"使大学生受到心理健康和人际关系的双重冲击

互联网由于其信息的易得性和娱乐性成了人们主要的信息获取和沟通的来源，但是互联网上的信息及教育视频良莠不齐。

与此同时，虚拟性是互联网的一个重要特点。在互联网中一切事物都是虚拟的，然而正是这一特性，使得学生具有了虚拟的身份，而在现实中的人际关系却变得冷漠起来。传统的教学使学生在集体环境中生活，参与多样化的集体活动，在与同学的交往过程中，无形中就培养了他们的群体意识、集体主义观念和团结协作精神。而网络环境是一个相对自闭的环境，纯粹的网络学习主要是通过一套网络设备完成相互交流的，这样人与人之间直接交往的机会急剧减少，教师与学生之间的情感不能直接被感受到，教师与学生之间仅仅是通过 QQ、微信、BBS、E-mail 等网络工具进行交流，人与人之间建立的关系是一种虚拟的、不现实的关系。这种虚拟的关系，使得学生的群体意识淡薄，不利于健康个性及人格的发展，不利于人与人之间的协作共事、共同生活。

第三章　"互联网＋"与大学英语教学

第一节　"互联网＋"技术与英语教学相结合的背景

　　"互联网＋"技术与英语教学相结合是基础教育教学改革的一个新途径，与学科教学有着密切的联系和继承性，同时又具有相对独立性。"互联网＋"技术与英语教学相结合，不是把"互联网＋"技术仅仅作为辅助教或辅助学的工具，而是强调要把"互联网＋"技术作为促进学生自主学习的认知工具和情感激励工具，可以利用"互联网＋"技术所提供的自主探索、多重交互、合作学习、资源共享等学习环境，把学生的主动性、积极性充分调动起来，使学生的创新思维与实践能力在整合过程中得到有效锻炼，这正是创新人才培养所需要的。但"互联网＋"技术在英语教学中也存在误区，中老年教师在多媒体教学中普遍存在偏见。因此，"互联网＋"技术与英语学科教学整合，还是要通过广大教师的实践探索、不懈努力，才能取得丰硕成果。

　　"互联网＋"技术与英语教学相结合的实质含义从哲学上看来，课程是一种进入教育领域的特殊文化，但是教学改革实际上是课程文化的变迁和创新。"互联网＋"技术的迅速崛起和普遍应用，正在导致从工业文化向信息文化的转换。这反映到教育领域，就集中表现为信息化课程文化的建构。在这一背景中加以观照，"互联网＋"技术与英语教学的历史使命，无疑就是建构新型的信息化课程文化。从 19 世纪末到现在，以计算机和网络通信为核心的"互联网＋"技术在社会各个领域中都得到了广泛的应用，同样也对中国的教育产生了巨大的冲击，英语教学也迎来了新一轮深刻的变革，传统教学的一张嘴、一支粉笔、一本课本和一块黑板已不再适应时代发展的要求。"互联网+"技术进入英语课堂已经成为中国教育改革的必然，那么怎样把"互联网+"技术与英语教学整合起来呢？要怎样才能最大限度地发挥"互联网+"技术的优越性，从而推动整个英语教学的发展呢？

一、"互联网+"技术在英语教学中的重要性

"互联网+"技术具有其他教学手段无法比拟的特有效果，能充分调动学生学习和探究的主动性与积极性。在英语教学中能够充分合理利用"互联网+"技术，可以让学生变被动听课为主动参与课堂学习，从情感上、思维上、行为上参与学习，能使学生在心理发展水平的最佳状态进行学习，从而可以极大地调动学生学习的积极性与主动性，提高学生的整体素质。另外，学生可以自由地选择对自己有用的内容进行学习。"互联网+"技术在英语教学中的运用，使学生的学习不仅仅局限于课堂，而是把目光投向了全国甚至是全球。互联网给学生的学习展示了一个非常好的平台，学校有校园网，学校还和全国许多学校建立了资源共享的合作伙伴关系。

"互联网+"技术在英语教学中，把电子媒体（数字化的文字、图形、动画、图像、音频和视频）充分应用到英语课堂上。在英语教学过程中，多媒体教学能给学生的学习提供丰富多彩的信息资源，能把大量抽象的字母符号通过图像、声音、语言环境，创设情景让学生进行情景再现，还可以培养学生视听语言材料的习惯。可以让英语教学在图文并茂、色彩纷呈、形象逼真、情趣盎然的多媒体图文影像环境下进行，能够从多方面激发学生的兴趣，使学生听得准、记得牢、学得多，教学效果必然会比传统教学效果好得多。

二、"互联网+"技术在英语教学中的运用

随着教育信息化的发展，以"互联网+"技术作为认知工具，以网络世界作为学习天地，使课堂生动、学生主动、师生互动，使英语教学和学习都达到较好的效果，这无疑是信息时代占主导地位的课程学习方式，必将成为21世纪学校教育教学的主要方法。因此，我们要积极探索运用计算机技术提

高英语教学效果的有效方法，并在实践中不断进行创新和发展。据此，我们要充分利用好"互联网＋"技术，发挥"互联网＋"技术在英语教学中的巨大作用。

校园网是运用"互联网＋"技术进行教学的基础，每个教师都要首先利用好校园网。一是利用校园网的资料库，播放教材同步视频进行视听说教学；二是自己采集和利用教学资源库的歌曲、影视音像资源，可以通过校园局域网在教室中进行听说练习，如播放英文歌曲进行听写和学唱，寓教于乐，增强对英语的感性认识；三是能够利用校园网中的教学资源，充实自己的电子教案，丰富学习材料，如与课文主题相关的图片、文字、歌曲、影像、网址等，从而拓宽思路，更好地为教学服务。

"互联网＋"技术在英语教学中的运用，最重要的是主动利用课件教学。"互联网＋"技术不仅为学生创设了良好的语言环境，而且提供了更多的语言实践和交际的机会。如借助网络课件，可以创设语言交际情景，让学生进行情景对话和角色扮演甚至是独具创意的对话，从而可以很好地培养学生的交际能力和创新精神。在创造真实的语言环境方面，教师可以制作多媒体课件，在课堂上通过音频、视频多媒体播放关于使用英语的国家的报道，把学生带进真实生动的场面和情景中，让学生身临其境地了解和学习使用英语的国家的文化传统、风俗习惯、人文风光、历史地理，那些丰富地道的语言，使学生如同身临其境，边"旅游"边学英语。每个教师和学生都可以积极主动地进行课件设计，作为英语学科，课件的设计应从着重培养学生的"听、说、读、写"的综合能力出发，创设语言情境，激发学习动机，启发、引导学生对所学内容的正确理解和运用，并且突出重点、难点，提高学生综合运用语言的能力。

三、"互联网＋"技术在英语教学中，开阔了学生的视野

在掌握课本知识的基础上，从网上的英语网站，播放与课文内容有关的动画片，让学生能够进一步拓展知识面，把学到的英语知识应用到真正的英语环境中。

计算机多媒体教学为学生创造了图、文、声并茂，生动活泼的情境，超越时空，将单词与句子、语法与口语完美地结合在一起，真正实现了听、说、读、写、唱、玩等激发学生兴趣和培养学生能力的良好效果，也提高了英语教学质量，在一定程度上真正实现了教师、学生、教材和教学方法的新组合，值得英语教师在今后的教学工作中进一步实践和探索，以适应信息时代的需要。另外，还要积极运用互联网。通过信息技术学习英语，是一条全新而有效的途径。利用电脑网络，可以扩大教室的空间，创造出缤纷多彩、真实地道、兴趣盎然的英语学习天地，培养学生学习英语的兴趣。如教师和学生可以借助网络收集和整理相关课题的资料作为教材课题的拓展学习资源，可以在学校主页上建立链接进行网络学习，可以由教师把经过认真筛选的相关网址提供给学生进行自主学习，还可以引导学生正确利用英语网站获取信息，来拓展有限的课文内容，这些方式的学习使教学信息得到极大扩充，知识范围广泛拓展，课堂结构更趋于开放，从而开阔了学生的视野。

四、"互联网+"技术在英语教学中，创设了情景教学，提高了学生的学习效率

巧用多媒体教学有利于创建英语学习氛围，在多媒体教室中，利用各种现代化教学手段有利于创建这种环境和氛围。"听和说"技能是英语教学中五项综合技能当中最基本、最重要的技能，也是最能体现出英语素质教育的主要内容。因此，根据教材的内容和要求，有计划、有步骤地在每节课中安排学生听配套视频中的原文对话，让学生接触到正确的语音语调，力求奠定良好的语音基础。同时，通过投影设备来投影上课所授的重点和难点、图表、图形及测验题目。对多媒体的综合利用较好地创建了英语教学的英语氛围，使学生自然而然地进入英语学习的状态中，学到纯正的英语，同时激发了他们学习英语的兴趣，从而让他们更加积极主动地进行学习。

在英语课件中插入影视演播，不仅能激发学生浓厚的学习兴趣，而且还能提高学习效率。英语教学中与英语配套的教学影片、软件及英文原版的影像资料非常丰富，影视中的语言材料来源于生活、贴近生活，是真正的日常会话。在课件中有机地插入这些材料，可以使学生多角度地解读课文。在英

语教学中，直观教学多优于一般的讲解。利用生动、形象的卡通与动画教学手段进行听、说训练很容易使学生产生新奇感，可以使学生集中注意力，而且生动、形象的电化教育又创设了一定的教学情景，使学生的注意力集中，可以加深学生对所学知识的理解。例如，在进行"职业"这个单词教授的时候，由于条件的限制不能一一做出相应的解释，但教师可以通过从网上找到的视频动画展示给学生，使学生在短时间内掌握新课的内容，收到了很好的教学效果。通过一幅幅彩色画面，学习由抽象到具体，由枯燥到形象直观，提高了学生的学习效果。

五、"互联网+"技术在英语教学中，要求提升英语教师的自身素质

教师的主导作用更多地反映在教学设计中，反映在多媒体课件的研制中，反映在组织教学的过程中，反映在教学的反馈过程中，而这些都需要教师具有良好的自身素质。

英语教师在英语教学观念上要有现代教育理念。"互联网+"技术作为一门新兴学科，英语教师应有新的教学观念。英语教师要摒弃旧的教育思想，把握教育发展的内在规律与时代特征，树立正确的教育观与人才观，才能适应教育技术现代化的要求，要有终身学习的思想。在当今信息迅速激增的时代，知识的更新和发展速度极快，英语教师如不注意学习，就容易落伍。要有创新的精神，教育的主要功能是培养和发展人的创新素质，而教师在教学过程中的创新设计、创新思维、创新意识都影响着学生，教师需要创新精神。另外，英语教师要充分发挥主导作用，根据学生特点、教材特点，精心选择教学内容，精心设计教学过程，精心安排教学环节，充分调动学生学习的积极性、主动性，让学生充分体验成功的喜悦。

在现代教育实践中，英语教师需要运用新颖的教学方法。教育技术的现代化促使英语教师教学方法的现代化。教育技术的现代化使英语教师的教学方法发生了变化，以"媒体"为主的教学方法更加灵活多样。

英语教师基本功和技能技巧要在"互联网+"技术的促使下实现现代化。"互联网+"技术形式下的教育技术现代化对英语教师的基本要求更高了，

而英语教师队伍的现代化正是教育技术现代化的根本，是重中之重。这就要求英语教师这个"新角色"的职能更趋多元化，对教师教学基本功的要求更高了，除了具有原来的基本功外，还要具有电教基本功。现代化教育技术的不断发展，还将促使英语教师具有不断发展的基本功，不断提升教师的自身素质。

总之，信息技术作为辅助手段引入英语学科教学，十分需要一个循序渐进的过程，英语学科要巧用信息技术，不是为了上多媒体课而使用，而是要加强英语教师的心理学、教育技术学和学科教学的基础，还要发挥多媒体教学的长处，而不是抛开一切传统教学只要使用计算机就行。信息技术与英语学科教学整合策略的研究和实施，必将带来课程内容、课程实施、课程资源、教学评价及学习方式的变革，通过广大教师的实践探索、不懈努力，必将取得丰硕的成果。面对信息化时代的到来和运用"互联网＋"技术教学的普及，我们要主动应对，跟上时代的步伐，把对"互联网＋"技术与英语教学整合的研究和实践推向更高的水平。

第二节 "互联网＋"技术对英语教学的影响

如今，基于互联网的英语教学已经成为趋势，更多的大学和教师开始采用这种方法来提高他们的教学效率。而基于互联网的英语教学的优势是显而易见的。

近些年来，互联网在走进千家万户的同时在校园内有了很大的发展，教学局域网和校园网的发展也变得十分迅速，对教学产生了极大的促进作用。现在我国绝大多数高校的校园网都已经建成或正在建设之中，但中国的外语教学一直以来被效率低所困扰。因为受实际条件的限制，我国学校班级人数较多，教师较难做到因材施教；因为资金短缺、缺少现代化教学设备，教师只得采用讲授式教学方法，无法充分调动学生的积极性；与国外交流少、缺少外教，学生无法获得丰富的使用英语的国家的文化背景知识，对文章中的部分内容无法正确理解，中国的外语学习者在付出了多年的努力后，仍然难以在实际交流中流畅自如地使用外语。这种情况在中国的大学外语教学中表现得尤为突出。因此，为了满足社会对外语人才的需求，大学外语教学迫切需要变革传统的教学模式。而提高外语教学质量的一种有效途径就是在教学过程中尽可能地应用现代科技，特别是利用互联网来进行外语教学。在我国，尤其是 20 世纪 90 年代后，随着互联网的兴起，我国的英语教学也尝试了与互联网的结合，取得了一定的成效，但是仍然处于起步阶段。

互联网的出现，可以构建一个虚拟英语空间，大容量的电子图书，各种图、文、声、像并茂的资料都可以在网络上展现，并可以使学生获得更丰富的、更地道的外语信息。它提供了科学、规范、高效且具有针对性、适应性的英语教育和技能训练。对于在互联网中的信息进行合理的筛选整合，几乎可以随心所欲地进行教和学。对于现在的英语教学模式的更新及现代模式的使用具有相当重要的意义。

在此次研究之前，笔者曾做过一个英语主题的站点，其中主要是英语资料的共享，包括英语视频、英语听力、英语文本等。同时还架设了一个论坛供广大网友交流英语经验。虽然站点只开了半年多，但是让笔者初步认识了计算机网络和英语结合的模式，认识到了有另外一种新奇的方法可以提高英语水平。在教学期间，在英语课堂上，笔者也通过网络和多媒体来教授自己所带班的英语课程。在网络上种类繁多的英语网站给我们提供了海量信息，可供我们有选择地下载使用。

"互联网+"技术对英语教学所带来的影响主要有以下几个方面：

一是互联网对于英语教学环境和英语应用环境的影响。在英语教学中，我们实际上不应只是教会学生一门语言，更重要的是要创设一个适合于英语学习的环境，只有在这样的环境里，学生的英语运用能力及自主学习能力才会得到充分自由的发展。从语言上，为学生提供足量的、多渠道的、有意义的及可理解性的语言输入。为学生提供大量的真实语言的机会，让学生感受到美丽、鲜活、生动的语言材料。

二是互联网对于学生学习英语的影响。国际互联网使得学生不再受时间和距离的约束，他们可以根据自己的意愿，与教师、同学甚至异国的朋友用英语进行交流或讨论。同时，国际互联网上有许多英语教学网站，可以为学生解惑答疑，或为学生提供练习材料，或为学生提供形式多样、丰富多彩的互动在线语言学习活动。

三是互联网对英语教师的影响。英语教师与互联网有一种紧密的血缘关系，他们上网没有语言障碍。互联网在给英语教师带来机遇的同时，也使他们面临着挑战。互联网为英语教师从事英语教学提供了非常便利的条件，是英语教师更新知识、提高水平、充实教学内容最现代化的工具。上网可以获得接触英语的机会，等于走进了一个取之不尽、用之不竭的文化宝库，这可供英语教师使用，提高他们的语言水平。

在此，以英语教学中常用的四种互联网交互形式为例。它们是电子邮件、基于网络的教室、论坛、虚拟现实。电子邮件是一种用来提高英语教学及学习的有效工具，它能提供给教师和学生一个有效的交流平台。基于网络的教室是英语教学的一种新的尝试。这与传统的课堂教学模式不同。然而，硬件和软件的投入是一大笔开支。电子公告板系统属于一种网站系统，致力于对特定的主题进行讨论，允许用户加入，在相应版面发帖、提出建议、发出问题或者问题答案。电子公告板系统现在已经被很多学生接受，并受到了学生的喜爱。虚拟现实是现代英语教学方式的新探索。它与其他方法完全不同。它是一个智能的基于文本的基础，它允许世界各地用户相互从事可以在现实中从事的大部分事情。

上述四种交互形式给教师和学生提供了学习和交流的便利。虽然他们有许多不足之处，但是随着科技的发展，这些问题都可以解决。随着互联网和新科学技术的进步，英语教学也会得到快速发展。

第三节 互联网时代下高校英语教学的价值

一、全面增强学生的英语核心素养

随着社会经济的逐步发展，英语教育领域受到了诸多重视与支持，在社会领域被广泛接受与推崇。在英语教育领域，英语课堂教学也受到了诸多关注，随着高校英语课堂教学地位的逐步提升、英语课堂教学的逐步发展，英语人才的需求也逐步增多，这进一步推动了互联网时代的高校英语课堂的建设，进一步促进了高校英语核心素养的创新培养。在互联网时代的高校英语课堂建设中，人才培养具有重要的意义与价值，从本质上来说，有助于进一步推动英语课堂教学的发展，有助于进一步促进高校英语课堂教学的完善与提升。对互联网时代的高校英语课堂教学而言，全面提升学生的英语核心素养，有助于进一步促进学生的英语思维发展，也可以培育学生的多方面能力，有助于进一步促进其全面发展。为此，对学生的英语核心素养培育而言，对诸多学校教育而言，进一步推进学生的英语核心素养培育的教学发展，进一步创新学生的英语核心素养培育的教学模式，逐步探索更加有效的教学方式与教学策略，打造互联网时代的高校英语课堂，是进一步促进学生的英语核心素养培育，进一步推动英语课堂教学发展，促进我国英语教育发展与全面进步的关键，也是培育学生综合素质的重要方面。

对中国而言，随着改革开放的逐步推进，以及英语教育领域的逐步发展，我国的英语课堂教学也逐步有了较完善的发展规划，进一步得到了广泛的共识与发展的计划。在具体的教育实践中，对学生英语核心素养的培育来说，其管理工作进一步得到了大量家长与学生的支持与重视，我国学生的英语核心素养培育工作进一步遵循了英语课堂教学发展的规律，遵循了教育教学的实践路径，进一步以强化英语教学要求为基本的重点，进一步以创新学生的英语核心素养培育为基础，进一步以建设学生的英语核心素养培育体系为依托，逐步打造了以学生的英语核心素养培育为基础的培养体系，逐步促进了互联网时代下的高校英语课堂的建设，这已经逐步成为学生的英语核心素养培育的发展方向与全面推进的基础环节。对我国的英语课堂教学而言，学生的英语核心素养的培育，不仅关乎英语课堂教学本身的发展与进步，也关乎社会上对于英语人才的需求是否可以得到有效满足，在英语人才大量缺乏的现状下，对中国来说，进一步打造互联网时代下的高校英语课堂，不仅是我国英语课堂教学逐步发展、逐步探索、逐步提升的重要方式，也是我国英语教育全面进步、全面发展、全面提升的关键举措，还是社会的英语人才需求的有效应对方式，正因为如此，学生的英语核心素养培育的教育发展，从本质上来说，具有重要的意义与价值。

在社会逐步发展的背景下，对中国而言，在全面探索的基础上，新时代背景下，会随着英语课堂教学形势得到进一步发展，在我国的教育体系中，英语课堂教学必须进一步与时代发展，与人才的社会需求进行进一步的对接，以此满足英语课堂教学的需求发展。对我国的英语课堂教学而言，在这种形势下，学生英语核心素养的育人工作已经逐步成为我国英语课堂教学与学生、社会之间进一步联系的纽带，已经逐步成为我国英语课堂教学发展，我国教育进一步大发展、大繁荣的推动力。与此同时，对社会发展而言，学生的英语核心素养培育需求本身，也进一步赋予了新形势下学生的英语教学管理改革、逐步发展的内涵，并进一步推进了教学管理的逐步发展与强化，进一步增强了学生的英语核心素养培育的重要性。

在互联网时代的高校英语课堂中，人才培养有着独特的培养模式，加强实践育才，创新人才培养，是增强英语课堂教学核心竞争力，也是提高英语课堂教学质量的关键。进一步加强英语课堂教学中学生实践能力的培养，提升学生核心素养与实践能力培养定位，实现英语核心素养培育与学生核心素养培养需求的有效对接，也可以形成学生的英语核心素养培育教学改革模式和英语课堂教学特征，进一步体现学生的英语教学的质量规格和培养方向。这是社会发展的需要，也是培养学生英语核心素养的体现。进一步加强对建立科学化互联网时代的高校英语课堂的研究，对于贯彻《中国教育改革与发展规划纲要》的精神，提高英语课堂教学质量，实现英语课堂教学与人才培养需求、教学改革需求的有效对接，具有积极的指导意义。为了适应形势的需要，要与时俱进、开拓创新，积极探索，勇于创新，使互联网时代的高校英语课堂成为学生核心素养培育、教学管理和改革的重心，更加合理化、科学化。

二、符合互联网时代下高校英语课堂教学标准

在英语教育中，教育课程标准的课程基本理念中的第四点注重创新精神中指出现代社会需要充分发挥每个人的主体性和创造性，因此，在互联网时代的高校英语课堂教学中，为了进一步培养高校学生英语核心素养，教师需要重点关注学生的三个方面：第一，培养学生的创新能力；第二，重视引导学生掌握方法；第三，需要引导学生完成创新思维的英语活动转化。因此，在互联网时代下的高校英语课堂教学标准中，其针对英语课堂教学提出了具有建设性的意见，总的来说，就是帮助教师引导学生，向学习目标发展。

在教育课程标准中，为互联网时代下的高校英语课堂教学提出了一定的指导意见，具体包括以下内容：第一，需要进一步探索有效的学习方式；第二，需要进一步探索适合身心特征的学习方式；第三，需要进一步探索符合英语学科特点的学习方式；第四，需要进一步引导学生进行自主学习；第五，需要进一步引导学生开展合作学习；第六，需要进一步引导学生开展探究学习；第七，需要进一步引导学生最终学会学习。

正因为如此，对互联网时代的高校英语课堂教学和学生而言，其需要进一步掌握以下知识点：第一，英语基础知识；第二，英语实践技能；第三，英语问题处理能力；第四，发展英语逻辑；第五，培育英语思维；第六，进一步提升对英语的综合运用能力。

在互联网时代的高校英语课堂教学中，英语课程标准中也提到鼓励学生在信息化环境下，以自主性、合作性与探究性等方式获取知识和技能。帮助学生学会检验自己的学习态度、方法与成果，逐渐养成自我反思、自我评价的能力，并在教师的指导下，合理明确自己的发展方向。

三、提升高校学生对英语知识的全面认识

在互联网时代的高校英语课堂教学中，对学生而言，其进一步增进了自身对英语知识的理解与认知，进一步提升了自身的英语学习能力，进一步促进了自身对多种多样的英语基础知识、英语思维能力的认知与理解，促进了学生英语核心素养的全面进步与逐步发展。对互联网时代的高校英语课堂教学而言，学生本身是重点的培养对象与培养个体；对教师而言，想要进一步培育学生的英语思维与核心素养，需要注意英语课堂教学的诸多方面，第一，课堂教学不同形式；第二，课堂教学不同风格，以此为基础，进一步探索学生的英语核心素养培育的诸多方面；第三，积极认识到不同的英语知识本身对于学生英语学习的促进作用，并以此为基础，进一步探索英语课堂教学的有效措施；第四，进一步认识到英语课堂教学对于培养学生的英语核心素养的促进作用。

对互联网时代的高校英语课堂教学而言，在社会发展的背景下，英语课堂教学在人才培育中的重要性也越来越大，对高校英语课堂教学而言，学生群体正是核心素养培育的关键群体，正因为如此，对互联网时代的高校英语课堂教学而言，想要推动学生英语核心素养的发展，需要进一步引导学生逐步夯实英语知识基础，逐步锻炼自身的英语思维，逐步学习全面的英语理论知识。在互联网时代的高校英语课堂教学中，只有有效的英语课堂教学方式，才能对学生起到启发和正确引导的作用。在诸多学校的逐步探索中，其从最初建设英语课堂教学以来，对学生已经具有一定的引导作用，通过学习和实践，学生的英语思维有了较快的发展，其对学生的英语核心素养培育有一定的价值意义，对学生掌握丰富的英语素材，掌握全面的英语理论知识具有良好的促进作用。总的来说，对互联网时代的高校英语课堂教学而言，其本身有助于进一步提高学生对于英语的认知与理解，对英语的发展和培养更加优秀的英语人才有积极的促进作用。

四、提高英语教学中学生自主学习的价值

对互联网时代的高校英语课堂教学而言，21 世纪，知识经济时代的到来，迫使我们的知识获得、运用和创新都离不开人的学习。再加上现在日新月异的知识、信息的爆炸，经济结构的变化，人们职业和岗位变动频繁，使知识成为我们谋生的手段，这更说明了自主学习的重要。

（一）在学生学习中的价值

"学习"具体表现为对一系列知识、观点、原理、定理或理论以及蕴含于其中的方法论的把握和应用，进而形成或锻造出学习主体自身的思维能力，使学习主体的学习"状态"从被动吸收变为主动追求，从而奠定心理与能力基础。互联网时代的高校英语课堂教学实践对于学生的价值意义较为明显，对学生而言，英语课堂教学的自主学习教学应用有利于进一步激发学生的学习意识，锻炼学生的学习能力，促进学生的成长与提高，激发学生的学习潜力与发展动力，促进学生全方位能力的发展与英语核心素养的提高，并引导学生进行学习能力的迁移发展，促进学生跨学科的融合发展，促进学生综合实践能力的提升。

（二）在教师实践中的价值

从本质上来说，人必须具有独立性，善于进行批判反思。现代教学论研究指出，从本质上讲，感知不是学习产生的根本原因，产生学习的根本原因是问题。没有问题也就难以诱发和激起求知欲，没有问题，感觉不到问题的存在，学生也就不会去深入思考，那么学习也就只能是表层和形式的。所以教师的领导性就在学习活动中体现了重要性。在互联网时代的高校英语课堂教学中，自主学习教学实践对教师而言，是一次很好的教学实践研究活动，有利于进一步促进教师教学实践的探索发现，促进教师成果的提升与发展。在互联网时代的高校英语课堂教学实践中，教师通过探索分析，逐步提升自身的教学能力与水平，收获学生学习能力提升的自豪感与满足感，实现教师的使命与价值，助推英语教育的创新发展，也可实现自身教学能力的成长与

进步。英语课程标准针对英语教学活动提出了建设性的意见，帮助教师引导学生，向学习目标发展。因此，在教师方面，英语课程标准提出一些具体的学习活动建议，要求教师引导学生自主而能动地向学习目标发展，且不同地区的教师，可根据实际情况和条件，向学生提出有关自主学习活动的建议，进而使得教师的教学活动更加具有主动性和创造性，以此夯实互联网时代的高校英语课堂教学的基础。

（三）在英语课堂教学中的价值

在互联网时代的高校英语课堂教学中，自主学习对学生而言是一次很好的学习实践过程，可以有效地调动学生的学习积极性与热情，引导学生学会学习，培育学生的探究意识与发现问题、解决问题的能力，推动学生自身的发展与成长。在互联网时代的高校英语课堂教学中，首先根据新课标向学生提出要求，然后学生制定学习目标，这样才能有的放矢地去寻找所需信息，这样有利于学生对照目标进行自主学习。互联网时代的高校英语课堂教学过程中，学生在教师创设的情境中主动参与、自主学习。通过积极主动的认知训练，完善自己独特的个性。在互联网时代导向下的高校英语课堂教学中，教师在教学过程中要根据学生的实际情况，根据自身教学经验，从学生学习兴趣和学习积极性两方面做好课堂教学策略，提升课堂教学质量，更好地帮助学生学习、探索、拓展自己的知识面。与此同时，在互联网时代的高校英语课堂教学中，教师要进一步创设学生学习环境，在课堂教学中培养学生学习，让学生可以学会自主学习。所以教师的领导性就在学习活动中体现出了重要性。一方面教师强调通过问题来进行学习，把问题看作学习的动力、起点和贯穿学习过程中的主线；另一方面教师通过学习让学生来生成问题，把学习过程看成是发现问题、提出问题、分析问题和解决问题的过程。这里需要特别强调的是问题意识的形成和培养。问题意识是教师引导学生进行学习特别是发现学习、探究学习、研究性学习的重要心理因素。

素质教育是当今社会新的教学核心，素质教育是以学生为主体的教育，学生是学习的主人。所以教师要努力培养学生的自主学习意识，引导学生的自主学习过程。传统的英语教学强调的是灌输型教学模式，学生的学习过程较为被动。而自主学习更加注重对学生学习能力的培养，促进学生对知识的自主探索，是学生学习的范例。在教学手段上，教师需要进一步指导学生借助于信息化方式，主动开展学习，完成思考，内化知识体系。

（四）促进学生的综合素质培养

在互联网时代的高校英语课堂教学中，英语课堂教学的自主学习教学应用是一次很好的自主学习教学实践探索，有助于进一步摸索出英语教育的创新实践成果，积累更多的学习教学实践经验，对英语教育的创新发展与改革提升起到良好的助推作用。与此同时，互联网时代的高校英语课堂应用本身立足于学生的英语核心素养提升，通过对英语核心素养的分析解读，从而达到最有效的效果，是全面提高学生素质培养的教学实践活动，有利于进一步提高学生的英语学习能力、合作学习能力、探究学习能力等，可以为学生的素质培养提供积极的探索经验与推广策略，进而推动英语教学甚至其他学科教学的素质培养策略。学生本就是教学设计的主体，教师积极采用自主学习教学法，是符合英语课堂教学要求而采取的教学模式，是确保教学效果与教学质量的合理教学模式。对互联网时代的高校英语课堂教学而言，其本身具有重要的意义与价值。对诸多学校而言，在英语课堂教学的逐步发展中，其进一步探索了英语课堂教学的方式方法，为我们提供了很好的案例基础。某校深入开展了对于英语课堂教学的探索实践与课程体系的建设，在建设过程中，遇到了诸多困难，但是在其建设的过程中，其进一步探索了英语课堂教学的发展路径，逐步形成了英语课堂教学的课堂体系建设。

当前，该学校在英语课堂教学建设方面，已经在如下几个环节中有了较快的发展：第一，在英语课堂教学课程设置上有了一定的发展；第二，在设施投入方面有了一定的发展；第三，在教师队伍培养方面有了一定的进步；第四，在专业建设方面有了一定的发展；第五，在课程体系建设方面有了一定的发展。

尤其是对高校英语课堂教学而言，其耗费了诸多心力，并探索了国内外关于学生英语核心素养培育的方式与途径，以此为基础，探索了有效的教学对策，具体来说，其做出了以下努力：第一，逐步应用了国际前沿的英语核心素养的教学方式；第二，逐步引导教学经验走向规范化；第三，逐步引导教学经验走向成熟化，这进一步促进了英语课堂教学的全面发展与逐步提升，取得了较多的、较为实际的、较为有效的教学效果，并进一步体现了英语课堂教学的价值与意义。

五、促进其他学科的教学发展

对互联网时代的高校英语课堂教学而言，其为英语课堂教学本身提供了很好的发展模板，其有助于其他学科应用型的进一步转型发展。对于互联网时代的高校英语课堂教学而言，在互联网时代导向下高校英语课堂教学中，诸多学校在逐步发展中，其作用主要有以下方面：第一，进一步促进学校的转型发展；第二，进一步引导英语知识本身向着应用型的角度迈进。但是在互联网时代导向下高校英语课堂教学中，在教学转型发展过程当中，其也面临着诸多问题，具体包括：第一，一部分学科教学如何转型；第二，如何培养应用型人才；第三，与英语教学面临转型同样困难的相似学科——物理、化学等的发展路径。对这些学科教学而言，从本质上来说，其具有如下共同点：都在转型摸索当中，都正在转型的尝试阶段，对于人才培养的定位较为薄弱，其对相关需求较为薄弱。对此，对上述学科而言，其需要进一步借鉴互联网时代的高校英语课堂的教学模式，以此为基础，探索更加有效的教学路径。

在互联网时代的高校英语课堂教学中，其进一步采取了如下措施，并取得了良好的效果，具体包括：第一，准确定位学生核心素养培养的需求脉络；第二，准确找准时机；第三，改变培养思路；第四，发展建设英语教育。

对互联网时代的高校英语课堂教学而言，从本质上来说，要进一步培养学生的核心素养；要进一步满足教育的发展需要；要进一步关注学生的英语思维能力的培养；要进一步探索教育转型发展要求，夯实教育创新发展的基础。

第四节 英语课堂教学与"互联网+"技术教学的对比

一、"互联网+"技术下的英语课堂教学

计算机辅助语言学习（CALL）从 20 世纪 60 年代起步，互联网兴起后，计算机辅助语言学习进入了一个新的阶段。结合教学组织形式的不同，当前网络信息技术支持下的外语教学可以分为网络信息技术支持下的远程外语教学和网络信息技术支持下的英语课堂教学。在这些领域的研究中，既有来自外语教学研究领域的专家学者，如陈坚林、庄智象、何高大、章国英等，也有来自教育技术研究领域的专家学者，如何克抗、戴正南、黄光远等，他们分别从语言学和语言教学法、教学系统设计、教学媒体、教育传播学等不同的角度对网络信息技术与英语课堂教学的整合进行了研究。总的来说，外语教学研究者主要关注语言学习的内在机制、规律，而教育技术研究者对于教学策略、教学组织形式、信息传递途径等关注较多。

教学模式可以定义为在一定教学思想或教学理论指导下建立起来的较为稳定的教学活动结构框架和活动程序，它包括教学思想、教学方法、教学组织形式、教学步骤、师生活动等要素。根据外语教学法的主流学派分类，当前"互联网+"技术和英语课堂整合下的教学模式可以分为以下几种。

（一）翻译法模式

现代翻译法是在批判古典机械的语法翻译法及词汇翻译法的基础上，在吸取了语言学、心理学、教育学的新理论，总结了外语教学的新经验的基础上发展起来的。翻译法重视阅读、翻译能力的培养和语法知识的传授，结束了语言三要素的单项教学，实行以课文为中心，语音、词汇、语法的综合教学，兼顾听说和写作能力的培养，在教学中最大限度地发挥了母语的作用。其基本的教学流程是：朗读课文→初步翻译→讲解语法规则和词汇→逐字逐句翻译→查看标准翻译，巩固课文理解→课后练习，巩固词汇和语法。

在信息及网络技术发展的影响下，翻译教学模式下的课堂教学也发生了一些变化，在朗读课文环节，可能代之以在光盘、录音等原声音频的引导下，学生跟读；在讲解语法词汇时采用多媒体课件或网络多媒体资源，对词汇或语法进行多方位的演示、演绎，但还是以教师讲解为主；在课后练习中，提供一些网络资源或者通过网络进行一些师生间的交流答疑。

这种教学模式在目前班级人数比较多、集体授课比较多，由于翻译和讲解占用的时间比较多，因此学生和教师之间互动是比较少的，学生之间的互动基本上没有。在交流答疑中，也是师生之间的为主，甚至由于条件的限制，这种交流答疑成为虚设。

基于这种教学模式，产生了教学产品包括一些教学光盘、语言学习资源库、英语教学系统、英语网络课程等。代表产品有《大学体验英语》《新思维大学英语网络教学系统》《新时代交互英语》《新视野大学英语》等。它们既可以称之为网络教学系统，又可以称之为立体化教材。从名称上看，产品定位比较单一，其内容也一般是教材的翻版，仍是教学的辅助工具，在教学中的作用可有可无。虽然在试点学校获得好评但是也暴露出很多问题，不论这些教学产品采用多先进的教学法或者教学理念进行设计，在课堂教学模式不变的情况下，根本无法发挥出自己的优势。

（二）听说法／视听法模式

听说法／视听法模式主张在英语学习的过程中听说领先，读写为辅；反复实践，形成习惯；以句型为中心，排斥或限制母语；对比语言结构，确定教学难点；及时纠正错误，培养正确的语言习惯；广泛利用现代化教学技术手段等。基本的教学流程为：

认识，呈现句型，通过多种形式如图片、手势、情境等手段说明意思。

模仿，教师反复示范，学生准确模仿，有错误及时纠正。

重复，通过练习重复模仿语言材料，达到背诵的效果。

变换，通过替换、转换、扩展等手段进行练习巩固。

选择，从已学过的语言材料中选择某些单词、句型，用控制的交际情景进行演讲、对话或表演，进行练习。

活用，自由说话，然后进行读写练习。

由此可以看出，在课堂教学中听说法/视听法的主要教学手段是"模仿"和"练习"。

结合多媒体或者网络资源的辅助，能够降低这种练习的枯燥性，但是机械性仍然不可避免。听说法/视听法在少儿英语或以实用为导向的外语培训教学中获得了较好的效果。一方面，听说法/视听法对教学条件的要求很高，如高水平的师资、小规模的班级、较多的课时等；另一方面，现行的教学体制要求主要是外语的读写能力，所以，在高年级的英语教学中难以获得较广泛的运用。

听说法/视听法教学模式下的教学产品，主要有多媒体语言教室、数字语言训练中心等。设备的建设费用较高，功能比较单一（仅限英语学科使用）；学生被设备隔开，比较孤立，学生之间的交流受到限制；学生获得语言输入的机会和质量是较高的，但平均到每个学生身上表达的机会仍然很少。

（三）交际法模式

外语交际法是在功能—意念语言学的基础上发展而来的教学法，主张真实的目的语材料输入、真实的交际需要与目的、学生间的互动交流与合作；另外，还主张对学生的外语思维方式、交际过程中情感、交际策略等进行培养，在教学活动中重视为学生提供充分而自由的表达机会。但是交际法主要是一种教学思想，由这一思想衍生的教学方法有很多，包括情景教学法、沉浸法、任务型教学法等，其教学流程各不相同，主要的手段就是创设机会，让学生通过使用语言来达到学会语言的目的。其中，任务型教学法的流程是：

任务前阶段（Pre-task），分析教学目标和教学内容，设计话题和任务，并设计相关的介绍话题和任务的活动。

任务轮阶段（Task-cycle），在确定任务的操作程序、任务的完成步骤等基础上，设计学生和辅导者的相关活动。

语言焦点阶段（Language Focus），设计语言分析和练习活动。

在"互联网+"技术和英语教学相结合的研究领域中，任务型语言教学常常表现为自主探究和合作探究的学习模式。网络技术既是教师用来呈现任务、激发学生兴趣的工具，也是学生用来获取资源、交流互动、展示作品和成果的工具与途径。

对这种教学模式来说，并没有相对应的特定的产品，使用的设备主要是网络多媒体计算机机房或者校园网平台，一些移动学习设备也被广泛应用到这种课堂中，主要作用是拓展课堂时间和空间，为学习者的交际或任务活动提供尽可能多的资源或者功能支持。但是这些产品或者设备的作用的充分发挥还是取决于课堂教学的良好设计。

总的来说，在英语课堂教学中，针对不同的学习阶段及不同的教学内容，所采用的教学方法是不尽相同的，课堂教学比较倾向于采用一种混合式的学习模式。所以，教学产品的功能也是趋向于一个多功能的综合体，单一功能的产品较难大规模地推广。但是，教学产品想要充分发挥其作用，必须有与之配套的、较易推广的教学模式和教学方法。

二、传统的英语课堂教学

传统的英语课堂教学，只重视英语知识的机械输入和积累，而忽略学生学习英语过程中受到的启发，特别是英语语言的实践过程，学生被动学习，课堂气氛缺乏活力和生机，师生之间缺乏情感交流与有效互动。新课改指导下的课堂教学要求教师在组织课堂教学中，不仅要有效灵活地传授知识和技能，同时，还要激活课堂气氛，调节学生学习兴趣，师生之间要进行情感交流、教学互动。

（一）建立和谐融洽的师生关系

课堂教学中，师生之间的情感调控十分重要，只有师生间的情感发生共鸣，教学互动、教学效果和课堂效益才能达到最优化。所以，英语课堂教学中，教师要充分利用情感调控，树立三个基本观点：全面发展的质量观，以人为本的教学观和民主合作的教学观；同时，教师还应处理好三个关系：教师指导、协调与学生主体关系，教师与学生的情感交流互动关系，教学的统一要求和学生个性特长关系。为调控学生情感，激发学生学习英语的兴趣，在英语课堂教学的每个环节都应充满对学生的理解、尊重和希望，应体现民主与平等的教学意识；教师应以表扬为主、暗示批评为辅，随时发现学生的亮点，使每个学生都体会到成功的乐趣和成就感。同时，教师应根据学生的个性，培养其兴趣特长，鼓励他们学习好英语学科，拓展他们的知识和思维，并使其个性进一步得到广泛的发展和升华。

（二）设计生动活泼的课堂教学

英语教学过程本来就是一个寓教于乐的交际活动过程，当前使用的教材的编排也力图体现这一特点。教材以语言结构为主体，将交际能力的培养作为主线贯穿始终，把教育思想和教育内容融为一体，不但教给学生语法结构，而且教给学生如何使用语言，通过使用语言来学习语言，使外语教学过程成为语言交际的过程。各单元的对话，既有相对的独立性，又有连贯性，给学生循序渐进地学习语言提供了基本的有利条件。如果教师能够针对教材的特点，精心设计自己的教学过程，充分考虑各个教学环节，把知识性和趣味性融为一体，学生学习的兴趣就会经久不衰，在这里必须强调的是，在教学中教师要力求将生动活泼的气氛和严谨认真的要求有机结合起来，力争达到双向交流、环环相扣、步步紧逼、直达主题的效果。

（三）组织课堂教学中，要营造和谐的课堂氛围

英语教学并非单纯机械的单词和语法知识积累，而是开启学生获取知识和能力的智慧天窗。在组织教学中，教师要根据学生的心理欲望，释放出内心的激情，让他们独立地发现问题、分析问题、解决问题，主动积极地参与英语课堂教学，轻松愉快地学习。

俗话说："亲其师，信其道。"一堂英语课的成功与否，主要看课堂气氛是否活跃，学生是否积极主动地参与其中。倘若一堂英语课上，只有教师在讲台上唱独角戏，学生在下面昏昏欲睡，课堂教学效果和效益也就可想而知。因此，在组织教学中，教师应注重营造和谐的英语课堂教学氛围，而和谐的英语课堂教学氛围主要来源于师生之间融洽的关系，即师生合作和互动。在英语课堂教学中，建立和维护良好的师生关系是十分必要的，只有师生产生感情共鸣，才能使学生对英语产生浓厚的兴趣，期待上英语课；同时，教

师应注意在课堂上尽量扣紧与本节课有关的英语知识和少许已学过并与本单元相关的知识；尽量不要提问与本单元无关的知识并借此对学生大加责难，那样做会使师生之间的感情产生对立。在组织教学中，教师要认真对待学生的质疑，不可搪塞或冷处理，要让学生大胆阐述自己的见解，有时学生的观点难免幼稚，教师不要嘲笑，而要耐心引导，肯定点滴见解，必要时可参与学生讨论。

（四）开放引导的课堂能提高教学效率

学生的自主学习是第一位的，教师的引导调控是第二位的。着眼于学生自主发展的空间，既是对学生运用语言的评价，也指向了学生的学习态度，其激励的效果也是显而易见的。

（五）利用一切有利条件，不断增强学生学习的兴趣

在课堂教学中，要善于抓住一切可以利用的因素，增强学生的兴趣，比如，在教单词时，可以利用图片乃至实物进行教学，能表演的动作尽量表演出来，使学生一目了然。比如，教时间的表达法，笔者做了一个挂表，一边转动指针，一边指导学生练习。指针转得越来越快，学生对如何表达英语的时间越来越熟练。下课后，学生围着挂表，转着指针，说着关于时间的英语单词；教感叹句时，尽力夸张要感叹的词，又有表情又做动作，学生极易理解又记忆深刻；教祈使句时，命令学生一会儿向东；一会儿向西，一会儿要求他们执行正命令，一会儿要求他们执行反命令；一会儿教师命令学生，一会儿学生又命令教师；等等。在丰富多样、反复实践、正误比较中，祈使句的用法逐步被他们掌握。

总之，教师一定要做好指导工作，让学生积极参与英语语言实践，这样才能提高学生学习英语的兴趣。当学生有畏难情绪时，教师要耐心引导；有点滴成绩时，及时表扬、肯定。只有这样，学生才能维持良好的学习状态；只有这样，英语课堂教学才能充满激情和活力，学生才能积极主动去学习，教师才能提高学生参与英语课堂教学的积极性和主动性；也只有这样，教师上课时才有激情，学生听课就动情，师生互动才煽情，学生交流就尽情。

第五节 互联网时代高校英语教学存在的问题

在高校英语核心素养的创新培养中，对互联网时代导向下高校英语课堂教学而言，虽然其取得了一定的成绩，但也存在较多的问题。对互联网时代导向下高校英语课堂教学而言，英语课堂教学的逐步发展，对英语精神的逐步传播具有重要的作用与意义，需要学校不断探索与提升。对英语课堂教学来说，以学校为主体的英语课堂教学体系还存在一定的问题，在很大程度上难以有效地满足英语教育的发展需求，难以为社会培养出更加优质的英语人才。总的来说，其存在的互联网时代导向下高校英语课堂教学问题较为集中，具体涵盖了以下诸多方面。

一、高校英语课堂教学观念存在偏差

对大部分的学生、家长等群体而言，其对于英语课堂教学都存在一些片面的认识，在观念上都存在一定的不足，难以有效地推进互联网时代导向下高校英语课堂教学的发展，具体表现为：第一，部分人群对英语课堂教学存有疑虑；第二，部分人群对英语课堂教学没有正确的认识；第三，部分人群对英语课堂教学不是整体形式的认知，这使大量的人群难以有效地开展英语教学活动，这也在一定程度上制约了互联网时代导向下高校英语课堂教学的质量与发展历程。直到英语课堂教学逐步发展，学生的英语核心素养的培育被广泛重视，英语课堂教学活动逐步受到了诸多的关注，才有了更快的发展与提升的空间，从而促使更多的人群进一步广泛地、深入地、全面地、系统地研究英语教学活动，逐步了解了英语课堂教学，从而促使英语教学有了更深的发展。其实在互联网时代导向下高校英语课堂教学中，也逐步包含了诸多方面的内容，这对于英语课堂教学具有重要的促进作用。对以学校为主体的英语课堂教学体系而言，虽然部分教师的观念存在一定的转变，但是在普遍意义上，认识片面、观念不足的问题，还是普遍存在的，这对于英语课堂教学具有一定的阻碍与制约作用。

二、高校英语教师的教学能力存在差异性

在高校英语核心素养的创新培养中，对互联网时代导向下高校英语课堂教学而言，教师水平参差不齐也是不利于英语课堂教学的重要方面之一。目前，在互联网时代导向下高校英语课堂教学中，对学校而言，教师队伍的不足问题较为突出，大量的教师对于互联网时代导向下高校英语课堂教学不具备较为完善的认识，难以对英语课堂教学起到积极的促进作用与夯实作用，难以有效地推动英语课堂教学工作，这对于互联网时代导向下高校英语课堂教学具有不利的作用。具体包括：第一，在互联网时代导向下高校英语课堂教学中，各类英语辅导书籍质量不一；第二，在互联网时代导向下高校英语课堂教学中，各类英语练习题质量不一。这都在一定程度上制约了英语课堂教学的质量与效率，不利于英语课堂教学的逐步推进与全面发展，难以培育学生的英语核心素养。

三、高校英语课堂的教学资源存在不足

当前，诸多学校的英语课堂教学都面临这一问题，在互联网时代导向下高校英语课堂教学中，英语教材在内容上不能够满足所有学生的学习需求，对学优生而言，英语教材内容过于简单；对学困生而言，英语教材内容又较为困难，与此同时，教师可利用的英语教学资源并不多，教学资源的质量也并不高，这都制约了互联网时代导向下高校英语课堂教学的质量发展。在互联网时代导向下高校英语课堂教学中，英语教材与教学内容的选择亦是整个教学中较为薄弱的环节，英语课堂教学的教育特色尤为欠缺。在互联网时代导向下高校英语课堂教学中，现有教材编写的目的性与针对性不强，并不能满足高校英语核心素养的创新培养的要求，还有需要完善与普及的地方。因此，在互联网时代导向下高校英语课堂教学中，在高校英语核心素养的创新培养中，理论如何更好地联系实际，在教材建设中显得尤为重要。在互联网时代导向下高校英语课堂教学中，教材中要充分体现英语与其他学科的紧密联系，各学科之间达到渗透互融的境界。教材尤不能以理论知识为单一，更

不能使理论与英语问题相背离。在互联网时代导向下高校英语课堂教学中，所有英语教材建设必须体现系统性，教材内容根植于实际。与此同时，教材要讲究规范性与科学性，这是英语课堂教学质量的前提保证，也是促进英语课堂教学的基础保障，还是培育学生英语核心素养的关键。

在英语教育过程当中，教材是至关重要的，但在这一环节，恰恰是英语课堂教学的不足之处，由于目前我国英语课堂教学整体上还不够完善，所以，用于互联网时代导向下高校英语课堂教学的教材的可选性较少，大多数教材都存在着针对性、目的性不强的现象。尤其是针对培养学生核心素养的英语课堂教学的教材，几乎没有波及培养目标、培养方案等关键问题，所以，学校在互联网时代导向下高校英语课堂教学中的教材使用也是需要关注的重点。教材是系统地解决理论如何联系实际的根本、英语与各个学科之间该如何联系的问题，其需要进一步相互作用、相互渗透才能统一，只有规范教材才能使教学有目的性、合理性、针对性，才能够进一步促进互联网时代导向下高校英语课堂教学的逐步发展。

与此同时，在互联网时代导向下高校英语课堂教学中，在高校英语核心素养的创新培养中，目前课程设置中的英语基础知识、英语问题设置等方面还不够完善，还没有在这几方面做最合理的规划和思考，使每个环节都存在不足之处，做不到英语基础知识与英语核心素养培育的有机结合，不能完全把学生的英语基础学习与核心素养融合到一起。在互联网时代导向下高校英语课堂教学中，整个课程设置环节中，思路还不够清晰，规划不够准确，使学生的核心素养提升还不能直接与英语课堂教学接轨，没有形成完美的对接。在互联网时代导向下高校英语课堂教学中，对教师而言，只有核心素养与英语课堂教学相结合，才能产生效益和收获，逐步提高英语课堂教学的质量，以此夯实互联网时代导向下高校英语课堂教学的基础。

四、高校英语教师的管理方式存在不足

在高校英语核心素养的创新培养中，对于互联网时代导向下高校英语课堂教学而言，英语教师管理也是较为突出的问题之一，在互联网时代导向下

高校英语课堂教学中，部分英语教师存在质量不一的问题，其本身对于英语课堂教学的认知与理念存在较多的差异性。在互联网时代导向下高校英语课堂教学中，存在以下问题：第一，多数的英语教师都是借助于长时间的学习和英语研究逐步摸索出的知识和经验；第二，多数的英语课堂教学的教师并非都具有高学历、高职称；第三，学校所引进的英语教师的人才制度是根据学历、职称来评定；第四，学校的人才聘用制度的不足，进一步制约了互联网时代导向下高校英语课堂教学的质量发展。英语教师往往有如下表现：第一，大部分教师秉持传统的英语课堂教学观念；第二，学校在英语课堂教学方面没有专业的教学设计；第三，学校在英语课堂教学方面没有建立规范的说课、讲课、评课环节；第四，诸多教师还没有意识到英语课堂教学的重要性，这也在一定程度上制约了互联网时代导向下高校英语课堂教学的发展，不利于学生英语核心素养的培育。

五、教师对学生的英语核心素养的培育力度不足

在互联网时代导向下的高校英语课堂教学中，在核心素养的培养上，存在以下问题：英语课堂教学的核心素养培养目标与实际相脱离；学生所学的英语知识不能学以致用；很多学校不具备开展丰富英语活动的机会与条件；很多学生不能够很好地内化英语课堂教学知识；教学模式还不完善；英语课堂教学体系还不敢大胆改革；英语课堂教学体系还没有大胆尝试与人才培养需求接轨；英语课堂教学模式不够系统；英语课堂教学体系的教学模式不够规范；英语课堂教学模式有照本宣科的成分；英语的教学形式不够贴合学生的核心素养培养，这都导致英语课堂教学的质量存在不足，效率不高，促使学生的英语核心素养的培育不够完善。

不仅如此，高校学生的英语核心素养的培养目标不够明确。在互联网时代导向下高校英语课堂教学中，在高校英语核心素养的创新培养中，其存在问题之一是英语课堂教学对学生核心素养的培养与目标定位的不明确。在互联网时代导向下高校英语课堂教学中，学生的英语培养目标没有纳入整个大的英语教育领域视野下，英语课堂教学中对学生核心素养培养目标定位的界

限模糊不清，没有突出培养适应社会发展需要的英语教育基础，没有突出对学生核心素养的培养。新时期的学生不仅应具有较为系统的英语知识和较宽的知识面，更应具有较强的英语核心素养，而这种能力的获得就依赖于英语课堂教学。在互联网时代导向下高校英语课堂教学中，在高校英语核心素养的创新培养中，对于学生的核心素养培育尚没有提到应有的高度。虽然诸多学校强烈呼唤英语课堂教学，但在实际的英语课堂教学中，学生的核心素养培育往往是不明确怎样较好地实施，或不被足够重视，学生的核心素养与英语学习能力偏差，互联网时代导向下高校英语课堂教学带来负面影响。

六、互联网时代下高校英语教学管理存在不足

在互联网时代导向下高校英语课堂教学中，在高校英语核心素养的创新培养中，想要培养学生的英语核心素养，需要引导学生在掌握全面的英语知识的基础上，进一步引导学生开展实际的英语活动，才能促使学生的英语核心素养有较为全面的发展。在互联网时代导向下高校英语课堂教学中，英语实践、英语锻炼机会当然是培养学生核心素养的最好途径。虽然部分学校正在逐步开始重视英语课堂教学、英语实践活动，但是英语实践课堂教学需要大量时间进行安排。在互联网时代导向下高校英语课堂教学中，特别是开展实际的英语实践课堂活动，需要联系相关的英语场地，这会与英语课堂教学发生冲突，因此，在互联网时代导向下高校英语课堂教学中，把英语课堂教学和实践教学有机地结合起来，既满足英语的课堂教学的要求，又满足英语课堂教学实践活动的要求，这是互联网时代导向下高校英语课堂教学需要不断提升的方向。诸多学校的英语教学的教学设置不够科学化，还是建立在原来的单一的英语基础知识的传播，没有与英语的实践教学密切联系，不能适应学生核心素养的培养要求。在互联网时代导向下高校英语课堂教学中，教学管理机制不够科学化，教师队伍的建设基本沿用原来传统教育的模式，师资队伍知识结构的更新和完善工作滞后。在互联网时代导向下高校英语课堂教学中，在学校现行的教学体系中，英语实践活动作为培养学生核心素养的关键环节，在整个英语课堂教学过程中有着不可替代的作用，这是提高英语

课堂教学质量，强化学生英语核心素养的关键。培养"厚基础、高素质、强能力、宽口径"的学生，是适应时代发展所带来的必然结果，也是培育学生英语核心素养的必然要求。而在学校中，教师对英语实践教学的不足，促使实践教学与常规英语教学管理的连接性不强，这无疑不利于学生核心素养的培育，不利于互联网时代导向下高校英语课堂的建设。

七、高校英语课程的实践活动设计较少

在互联网时代导向下高校英语课堂教学中，在高校英语核心素养的创新培养中，从本质上来说，英语实践活动本身有助于促进学生的英语核心素养的培育。在英语课堂教学体系中，教师需要做到以下几点：进一步向学生传授英语基础知识；进一步向学生传授英语解题技巧；进一步引导学生在英语学习中体悟；进一步引导学生在英语学习中内化能力；进一步引导学生在英语活动中内化素养与核心素养。

在互联网时代导向下高校英语课堂教学中，从本质上来说，英语实践活动教学是培养学生英语核心素养的关键环节，但在互联网时代导向下高校英语课堂教学中，在高校英语核心素养的创新培养中，从本质上来说，英语实践教学仍然存在问题，具体包括：存在较为被动的问题；存在不规范问题。为此，对于互联网时代导向下高校英语课堂教学而言，其需要积极做好以下工作，进一步探索把英语的基础知识教学和英语的实践活动科学对接；进一步建立英语实践活动的长效机制；需要逐步探索有效的英语核心素养培育对策。在互联网时代导向下高校英语课堂教学中，从本质上来说，在英语实践活动课堂教学中，英语实践是培养学生英语核心素养的重要教学环节。对此，在互联网时代导向下高校英语课堂教学中，在高校英语核心素养的创新培养中，其需要积极做好以下工作：进一步创造有利的英语课堂学习环境；进一步创造学生英语学习、锻炼平台；进一步创建科学化的英语实践活动的管理机制；进一步有效管理实践活动的教学环节设置；进一步引入小组合作、教学的英语问题互动环节；进一步培养学生的英语核心素养，推动教学质量的逐步提升。

八、高校英语课程标准的解读存在不足

我国基础教育已进入"素养"时期,英语课程标准的修订工作也正在进行,修订组虽然进一步提出了英语学科的核心素养,但在新版的课程标准正式发布前,本书认为在这样一个承上启下的特殊时期,对现行的课程标准进行回顾与解读,仍有重要的现实意义。2003 年颁布的《普通英语课程标准》是在21 世纪素质教育改革理念指导下修订完成的。此标准的实施标志着我国基础教育由"双基"时期过渡到"三维"时期,即教育目标由基础知识、基本技能向知识与技能、过程与方法、情感态度与价值观的转变。素质教育是相对应试教育而言的,素质教育中以人为本、全面发展的教育理念对基础英语的直接影响体现在英语学科本体向英语教育功能的倾斜,《标准》中打破了原先大纲中以英语门类为依据的划分方法,并对大纲中过于专业的英语知识与教学进行了删减和调整。在互联网时代导向下高校英语课堂教学中,在高校英语核心素养的创新培养中,时代性则体现在将英语领域的最新发展成果融入课程教学中,考虑到英语在基础教学阶段的基础性作用,因此学校往往更加重视互联网时代导向下高校英语课堂教学,以此夯实英语教学的基础,促进高校英语核心素养的创新培养。

九、互联网时代下高校英语课堂教学面临的困境

在互联网时代导向下高校英语课堂教学中,在高校英语核心素养的创新培养中,随着英语核心素养的提出,一种更加科学系统的新的教学理念被提出来,那么英语课堂教学也将面临诸多新的挑战与困境。

(一) 英语教师所面临的困境

在互联网时代导向下高校英语课堂教学中,在高校英语核心素养的创新培养中,教师往往需要面临以下挑战:第一,课堂教学上的挑战。谈到教师课堂教学上最大的挑战,莫过于如何在互联网时代导向下高校英语课堂教学中培养学生的英语核心素养,这是最大的难题,也是一个复杂且动态持续的过程。以往课堂教学以单课时为主,教师在短短一节课的时间完成学生的"三

维目标"，但事实教学效果现在大家都很明了，几乎很难完成。由此给进入学科核心素养下的教师英语教学带来的挑战显而易见，在一定的课时内不仅要完成基本的"三维目标"，还要思考如何教学有利于学生的英语核心素养的培育，以及如何确定不同的课题、不同的班级、所面对的学生群体、对应的教学主题和目标。教学过程也更加动态复杂化，并不是单一课时所能解决和完成的。教师对教材课程内容的再认识、再深化，对课程单元化的整体设计，对课堂教学过程中学生的学习情况、进行的教学任务调整，这些都是当下英语核心素养下的英语教师需要面对的挑战。还有教学评价层面，我们的课堂教学评价，特别是英语的教学评价，老师对学生的学习评价如何评？针对英语这一学习模块，真实性评价运用，教师需要考虑的方面又有哪些？教师对一系列的单元教学结束之后，对自己的课堂教学又该如何评价总结？这些也是广大英语教师所需要面临的基本挑战。第二，教师自身综合能力的挑战。面对素养时期的英语教学，教师不仅需要扎实的本学科知识和技能，更需要懂得如何将本学科的知识与技能以及跨学科的知识与技能进行有机整合，使学生逐渐形成以英语学科为主的跨学科的英语综合能力，为此英语教师需要学习的东西，所要面临的挑战可想而知了。

（二）学生所面临的困境

在互联网时代导向下高校英语课堂教学中，在高校英语核心素养的创新培养中，第一，自主合作的探究性学习观念转变带来的挑战，作为学习的主体学生来说，学科核心素养下的英语教学更多的是在教师的引导下，学生自主合作探究完成教学任务，包括课前预习、查阅相关资料等，需改变以往学生只管"竖起耳朵"听的学习观念，真正要做到做学，而并非单单接受性学习。这就涉及学生如何做中学、如何自主合作探究性学习。针对此，学生需要在教师的指导下，慢慢转变自己以往不正确的学习观念，这个观念转变的过程也是学生所要面对的首要挑战；第二，以英语知识为基础的跨学科知识学习方式等运用带来的挑战。当下英语课堂教学从学科本位的角度出发是为了培养学生的英语核心素养；从教育的育人角度出发是为了培养学生必备的英语核心素养。而若想达成上述的目标，不仅教师的教学方法很重要，学生的学习方式也很重要，只有在正确的学习方式下才能循序渐进，逐步形成我们所需要达成的学生素养要求。反观时下，以被动接受性学习为主的英语学习方式已不足以满足我们的教学要求，逐渐转向学生自主学习、合作探究、深度学习以及以英语知识为基础的跨学科知识结合等学习方式。那么学生如何运用这些学习方式来获得所需的知识与技能呢？获得的所需知识与技能又如何转化为独特的英语思维，以及英语核心素养与能力，去解决运用到生活情境中所遇到的相关问题？这都是学生需要面临的挑战。

十、英语核心素养的培育与学生能力尚有差距

对互联网时代导向下高校英语课堂教学而言，新时期的学生不仅应具有较为系统的英语知识结构，更应具有较强的英语学习能力与核心素养，而这种能力的获得就依赖于高校英语课堂教学的培育。在互联网时代导向下高校英语课堂教学中，在高校英语核心素养的创新培养中，学生核心素养的培育与学生英语学习能力的不契合问题较为突出。在互联网时代导向下高校英语课堂教学中，从根本上来说，应将教育的重点放在培养学生的英语学习能力与核心素养上，以此促进学生核心素养的提升。

需要进一步培养学生的诸多能力，具体包括：第一，进一步培养学生的英语基础知识储备；第二，进一步培养学生对英语课堂教学的科学概念；第三，进一步引导学生内化英语知识；第四，进一步引导学生探索、交流、讨论英语问题。与此同时，学校需要进一步培养学生的英语问题解决能力。为此，在互联网时代导向下高校英语课堂教学中，从本质上来说，学校需要做好以下工作：进一步引导学生掌握系统的英语解题技巧；进一步引导学生有效利用各种英语学习手段；进一步引导学生增强英语创新能力。除此之外，学校需要进一步培养学生的英语核心素养。对此，学校需要进一步做好以下工作：培养学生的英语方式的运用；理解英语知识；了解英语知识的内部逻辑；引导学生深入理解英语思维；提升自身的英语核心素养；增强对英语问题的探索精神；增强英语问题处理能力。与此同时，学校需要进一步培养学生的英语核心素养。

为此，学校需要进一步做好以下工作：引导学生具备理解英语知识、英语逻辑的能力；引导学生具备理解创意英语问题的能力；引导学生具备理解创意英语特征的能力；引导学生提升英语学习能力，以此来进一步促使培养的学生，能够进一步更好地适应英语教育的培养要求。

英语课堂教学中多元化的教学形式将解决学校存在的授课方式单一和交流观摩的局限；解决学生所学知识、英语学习能力与英语核心素养、英语活动之间的部分脱节与不适应；解决学生缺少足够机会参与英语实践；在处理理论知识与实践教学的关系时，解决管理上"度"的把握等问题。通过从英语学习能力的培养理念、教学内容、授课方式到实践模式、教学管理等进行的一系列改革，学生越来越重视基本知识和英语学习能力之间的渗透、所学知识与英语实践之间的关联，以此实现学生英语核心素养的培育，促进互联网时代导向下高校英语课堂教学的逐步发展，促进高校英语核心素养的创新培养。

第四章 "互联网+"视域下大学英语听说读写译教学的创新

长期以来，我国的英语教学采取较为传统的教学模式，英语更多地被看作是一种知识，而不是一种能力。随着现代英语教学法的兴起，英语教育界逐渐认识到形式与功能都是语言的有机组成部分，二者具有同等重要的意义。学生在课堂上通常进行词汇、语法、句法结构等知识的学习，但这些知识都必须经过语言实践才能最终转化为语言能力。听、说、读、写、译等都是语言能力的具体表现形式，可见语言能力是一个综合概念。需要特别说明的是，各项语言能力之间具有相辅相成的关系，相互之间并不是彼此孤立的。换句话说，任何一项能力的欠缺都会对语言的综合运用带来影响。对此，本章就来研究"互联网+"视域下大学英语的基础技能教学。

第一节 "互联网+"视域下大学英语听力教学

在日常交际中，听力是极其重要的，听力活动在大学英语教学中必不可少。随着互联网技术的引入，教师在大学英语听力教学中可以选择多种资源，极大地丰富了英语听力的输入渠道，有助于激发学生的听力学习兴趣。所以，在大学英语听力教学中，互联网技术的引入备受重视。

一、大学英语听力教学简述

（一）大学英语听力教学的内容

大学英语听力教学的内容通常包含四个方面：听力知识、听力技能、听力理解和语感。

1. 听力知识

听力知识的掌握是听力能力提升的根基，对英语听力教学和听力学习来说都十分重要。一般来说，听力知识是由以下几个方面构成的：

（1）语音知识。听力理解首先需要输入听觉信息，因此了解语音知识对听力理解起着根基性的作用。语音知识的教学也是听力教学的重中之重，直接影响学生后续听力水平的提高。

（2）听力策略。听力策略知识对于听力任务的完成十分重要。具备了一定的听力策略，学生就可以结合实际情况选择听力方式，从而增加了听力活动进行的灵活度。

（3）文化知识。听力语言材料中通常包含广泛、丰富的文化信息。英语听力中包含着两种甚至多种文化，如果学生不了解一定的文化常识，是无法顺利进行听力实践的。

（4）语用知识。听力材料中通常也会涉及一些有关言谈交际的话题和材料。另外，交际中的会话含义是普遍存在的现象，对这些材料的理解通常需要借助相应的语用知识来把握。

2. 听力技能

听力技能属于较高层次的实际运用语言的能力，要想较好地改善学生费时、低效的听力学习现状并提高听力教学效果，需要重视听力技能的培养。具体来说，听力技能主要包括以下几个方面：

（1）交际信息辨别能力。在进行听力活动时能够体现出其交际性，从总体上来说，听力材料都是由交际性语言组成的，因此学生掌握交际信息辨别能力十分必要。

（2）辨音能力。在听力理解的过程中，学生需要具备基本的辨音能力。例如，辨别音位、语调、重读音节等。

（3）预测能力。预测能力指的是根据一定的语境信息及已有知识来预测下文语言话题的发展与转向，这在听力实践中也十分重要。在听力教学中，对学生预测能力的锻炼有助于学生提升其听力效率。

（4）大意理解能力。这项听力技能的教学内容主要是要求学生能够及时抓住交际者的意图等。

（5）词义猜测能力。在听力实践过程中，听者不可避免地会遇到一些陌生的词汇，此时如果听者一直思考生词的词义，则有可能影响到后续听力信息的接收。具备词义猜测能力是作为一名合格的听者的必要条件，常用的词义猜测方式有结合上下文判断、借助整体语境、搜寻已有信息等。

（6）推理判断能力。交际是交际者在一定的交际目的下进行的，因此言语不仅能够表达出一定的话语信息，还表现着说话者的交际信息。听者需要根据一定的推理判断，去揣摩说话者的意图，从而保证交际的顺利进行。

（7）选择注意力。这样的听力技能也是在听力教学中应该关注的教学内容。具体而言，选择注意力就是按照听力目标的不同，让学生将其注意力集中在不同的内容上。

（8）对细节的把控能力。语言材料中包含了很多细节，这些细节是进行听力理解的基础。听者只有具备对细节的把控能力才能以更加积极的心态去进行听力理解活动。

（9）评价能力。评价能力能够影响听力活动的进行，指的是听者对所听内容的评价与表达能力。

（10）记笔记的能力。众所周知，听力活动带有口语活动的特点，所以进行时间短、不可重复，在一些正式场合，听者具备快速记笔记的能力，能够完善对知识的掌握情况，同时也有助于加深对整体信息的理解。

3. 听力理解

听力理解不仅包括语言的字面含义，还涉及语言背后的深层含义。在实际的听力教学中，教师不仅需要教授给学生具体的听力知识、技能和策略，还需要提高学生的听力理解能力。

（1）辨认。在听力理解中，辨认是其前提，也是听力活动发展的基础。语音辨认、信息辨认与意图辨认是辨认的主要内容。其中，语音辨认是最简单的，学生只要掌握了一定的英语知识即可，最困难的是意图辨认，听者不仅需要以语音、信息辨认为前提，还需要积极发挥自己的交际能力和文化能力。进行辨认能力训练，教师可以采用乱序训练法，将一个完整的听力材料打乱顺序，要求学生进行重新排列，并指出每一部分所对应的辨认方面。

（2）转换。听力理解中的转换指的是将所听材料中的内容转换为图表的能力。这种转换不仅需要听者辨别听力材料中的短句与句型，同时还需要听者运用已知信息进行适当转换，这是对听者能力的考验，也是听力理解的第二个层次。

（3）重组与再现。听力理解的第三个层次是重组与再现，这需要教师对学生的说写能力进行提高。

（4）社会含义。听力活动属于交际活动的范畴，在语言上有着礼貌、得体的特征。所以，在进行听力理解时需要听者仔细把握原文，对其社会含义进行准确理解。听力语言形式十分丰富，会涉及不同的话题，教师要训练学生根据不同语境进行描述的能力，同时还需要学生在描述过程中理解语言背后的深层内涵，从而促进听力活动的进行。

（5）评价与应用。对听力语言进行重组、评价、应用是听力理解的最后层次，也是难度最大的内容。听力理解带有目的性、交际性，需要听者明确交际意图，并进行语言回应与沟通。另外，为了提高学生的评价与应用能力，教师可以在教学中增加听力讨论与交际的练习。

4.语感

所谓语感，指的是对语言的感悟能力，这种感悟带有直接性，但是可以通过不断的锻炼来提高。在听力活动中，即便缺乏一定的语境条件和必要信息，良好的语感也能够帮助听者进行语言行为的预测与判断，从而促进听力活动的进行。

（二）大学英语听力教学的原则

从本质上来讲，大学英语教学中的"听"是对口头信息的理解。近年来，虽然教师加大了对听力技能的训练，但是成效并不明显，原因之一就是教师在听力教学中没有遵循适当的原则。对此，下面介绍几点听力教学原则，以供参考。

1. 渐进性原则

英语听力学习是一个循序渐进的过程，而不是一蹴而就的。循序渐进原则主要体现在听力材料的选择上，教师应该从学生的实际情况出发选择适合学生能力的听力材料，做到从简单到复杂。在听力教学初期，应该选择那些语速较慢、吐字清晰、连读情况较少的材料。

此外，听力材料的语音、语调要尽量真实、自然，符合实际交际场合中的说话风格。另外，听力内容可以选择新闻、热点，也可以选择故事、日常生活会话，无论是哪一种，都要尽可能地调动学生的积极性和主动性，让学生在听力教学的过程中学有所得。

2. 多样性原则

学生培养听力的重要途径就是在课堂上听教师的讲解。所以，在实际的听力教学中，教师可以按照由慢速到快速、由简单到复杂的教学原则组织教学，并且鼓励每一位学生大胆地讲英语，发表自己的见解，以创造浓厚的学习氛围。

此外，教师应该从不同的教学目标出发，选择多样的听力材料和训练模式。例如，如果目的是让学生对语音进行区分，那么教师可以给学生几组发音相似的词汇，让学生边辨别边体会；如果目的是让学生归纳文章的主旨大意，那么可以允许学生用母语作答等。

3. 交际性原则

培养学生的英语交际能力是英语教学的最终目标，大学英语听力教学也毫不例外。因此，交际性原则是听力教学的根本性原则，在听力教学过程中，教师应严格要求自己，做到发音准确、语速正常，身体力行地引导学生使用英语进行交际。

4. 听觉与视觉相关联原则

听觉与视觉相关联原则需要引导学生注意视觉信息、听觉信息，另外还需要引导学生利用自己的已有知识。

（1）引导学生注意视觉信息。在英语听力教学中，教师可以运用图片、图表、文字等工具为学生提供视觉层面的信息。很多人认为，听力理解的信息应该是听觉信息，但是那些与听力相关的图片、图表、文字等也对学生的听力理解有很大帮助。例如，在英语新闻报道中，电视屏幕下方的新闻关键词对于理解新闻信息有很大的帮助。同样，那些与听力内容有关的图画或者画面也有助于学生理解听力材料。因此，在英语听力教学中，教师应该运用各种方式来引导学生注意视觉信息，进而帮助学生对听力材料的内容加以理解，进而提升学生自身的听力水平。

（2）引导学生注意听觉信息。听觉信息主要包含语气和语调两部分。一般情况下，对于同样的一句话，不同的人往往会有不同的语气和语调，他们所使用的词汇的语义也会发生改变。

很多时候，学生可能对于所听到的内容呈现出不太确定或者不太理解的状态，但是根据该语言材料的语气、语调会对话语的意图进行确定，如是夸张语气还是委婉语气；是喜悦语气还是悲伤语气；是幽默语气还是愤怒语气等。因此，教师应该为学生选择一些带有语气、语调的听力资料，让学生能够将语言材料的内容与语气、语调相结合，形成一个个图式，并将该图式内化到该材料的知识体系中，因为这样只有才能帮助学生解决以后遇到类似的问题。

二、"互联网＋"视域下大学英语听力教学的方法

互联网技术下，大学英语听力教学不仅有助于提高教师的教学效果，也有助于提高学生的听力水平，这可以为学生的英语听力教学带来广阔的空间。那么，如何将互联网技术准确、合理地应用到大学英语听力教学中呢？当前，我国英语教学提倡自主学习，这是以学生的主体地位为前提的教师进行指导、学生主动参与学习，而不是没有教师指导的完全意义上的自学。因此，互联网技术下的大学英语听力教学不能忽视教师的指导作用，否则就不能取得应有的教学效果。利用互联网技术培养学生的听力能力，教师可以从以下两个层面着手：

（一）建构听力学习环境

听的本质是一种交际活动，学习成功的关键因素在于学生。基于这两点考虑，在听力课堂上，教师应该充分利用现代信息技术，为学生构建良好的自主学习环境。具体来说，教师应该做到以下几点：

第一，为学生创建丰富的、真实的、有助于听力理解的交际语境，使学生犹如身处真实的语境中一样，使他们能够感受到听的实用性，进而增加学习英语的兴趣。

第二，通过利用多媒体资源丰富听力教学，激发学生的学习兴趣。

第三，选用真实的听力材料，一方面能够增强学生对学习内容的认同感，另一方面也能使学生接触到地道的语音、表达方式，有助于学生在日后实际的对外交往中听得更准。

第四，设计与真实语篇相关的课堂活动，采取小组合作的教学活动，从而减少学生对教师的依赖感，减少学生学习中的焦虑情绪，使学生在合作交流中碰撞出思想的火花，提高学习的主动性。

第五，为学生提供合作互动、沟通交流的机会，使学生在参与中逐渐掌握学习的方法，找到学习的乐趣，增加学习的动力。

第六，教授学生一些对所听内容进行评论、提问的反馈语，如"Really？""I don't think I understand you.Could you say that again？""I beg your pardon."等，使对话继续下去。

（二）培养听力自主决策能力

在互联网环境下，学生听力自主决策能力的培养要注意以下两方面：

第一，学习并掌握获取信息的硬件知识。只有掌握了现代信息技术的操作技能，学生才能实现与老师或者同学通过网络技术的实时交流。

第二，要培养掌握、收集、整理、利用信息的能力，学生要能根据教师布置的学习任务，借助现代信息技术自行搜索、采集信息，对获取的信息进行分析、整理，并充分利用这些信息提高语言能力。此外，还要通过现代信息技术，让学生对自主学习的效果进行评价。

总之，借助互联网技术所提供的网络化虚拟课堂，学生的角色发生了转变，他们从知识的被动接受者转变为听力理解过程中意义的自主建构者，他们以自己的整个身心去感受听力语篇中呈现的各类信息，同时借助互联网将自己的观点与思想生动地传达出来，主动参与学习交互活动，培养自主学习的能力。

第二节 "互联网＋"视域下大学英语口语教学

口语是人与人之间面对面地进行口头表达的语言，是人类社会使用最频繁的交际工具。所以，口语对于英语综合运用能力的提升十分重要，口语教学也就成了大学英语教学体系中的重要组成部分。随着互联网技术的引入，大学英语口语教学比传统口语教学具有明显的优势，这不仅有助于营造良好的语言环境，还有助于提高英语的听说能力。下面就来分析"互联网＋"视域下大学英语口语教学。

一、大学英语口语教学简述

（一）大学英语口语教学的内容

培养、提高学生的英语口语表达能力与交际技能是大学英语口语教学的宗旨，因此语音训练、词汇和语法、会话技巧、交际策略等是大学英语口语教学的主要内容。

1.语音训练

英语口语训练应以英语语音为前提，帮助学生掌握正确的语音、语调是语音训练的首要目标，具体涉及意群、停顿、弱读、重读、连读、音节等。如果没有掌握规范的发音，不仅难以表达自己的观点，而且会为对方带来理解障碍。

（1）英语中使用降调的句子一般包括不能用 Yes 和 No 来回答的问句、附加问句、感叹句、命令句、肯定句等。例如：

She is a popular singer，isn't she? ↓

How beautiful this necklace is! ↓

Where are you going? ↓

Take me to the post office. ↓

I went to the cinema last week. ↓

（2）英语中，可用 Yes 和 No 回答的疑问句和表示怀疑的问句通常使用升调。当对别人的话语进行重复时，也常使用升调。例如：

Are you ready? ↑

A：This is a typewriter. ↓

B：Typewriter. ↑

（3）有一些句子，当表达不同的含义时应使用不同的语调。例如：

A：This movie is boring.

B1：It ↗ is.（表达肯定语气，用升调）

B2：It ↘ is.（表达怀疑语气，用降调）

B3：It ↘↗ is？（表达责备语气，即"你怎么可以这样认为"，同时使用降调和升调）

（4）当口语中出现事物的罗列或者选择疑问句时，通常在前半部分使用升调，在后半部分使用降调。例如：

I like apple ↑，orange ↑ and water melon ↓ .

Are you English ↑ or Chinese? ↓

不难发现，语句的含义与语调之间存在紧密的联系，教师应引导学生对不同语调对意义的影响予以重视。

2. 词汇和语法

在口语表达过程中，词汇与语法发挥着不可替代的作用。具体来说，如果没有必要的词汇储备，很多思想、观点就无法准确表达出来；如果没有基本的语法知识，句子内部的逻辑关系就容易出现混乱，交际也就难以顺利进行。因此，词汇与语法也是大学英语口语教学不可或缺的内容。

3. 会话技巧

培养和提高学生的口语表达能力，使他们能对一些会话技巧进行熟练运用，从而使交际得以顺利进行是口语教学的根本目标。所以，会话技巧也是大学英语口语教学的重要组成部分。

4. 交际策略

所谓交际策略，是指当某种语言的使用者在话语计划阶段由于自身语言方面的不足而无法表达其想要表达的思想时所采取的策略。在交际过程中，为克服语言能力不足而导致交际困难，交际者使用语言或非语言手段的能力即为交际策略能力。交际策略也是大学英语口语教学的重要内容。

口语交际活动往往不可预测，因此，在交际过程中遇到尴尬局面也是在所难免的，这就要求交际者具备一定的交际策略能力，以便在需要时借助交际策略来解决遇到的困难，促使交际顺利进行。策略能力包括两个方面：一是发生困难时使对方理解自己讲话内容的能力，这一能力被称为"补偿能力"（compensation）；二是在发生理解困难时获取意义的能力，这一能力被称为"协商能力"（negotiation competence）。

一般来说，补偿能力主要包括如下几个方面：

（1）使用会话填补词。在交际过程中，有时交际者可能会一时想不出想要使用的语言，这时可以适当地使用一些填补词，如"and you see." "Er, that's a very interesting question …" "Well …, let me think…"等，一边说一边思考，控制说话节奏，确保讲话的连贯性。

（2）使用同义词或类别词。在交际过程中，如果交际者缺乏关于某一话题的词汇，可以采用自己熟悉的同义词来代替，如用"dark"来代替"gloomy"。

（3）使用肢体语言。在交际过程中，交际者也可以适当借助肢体语言来表达自己的观点与看法，确保交际顺利进行。

协商能力包括澄清信号。在交际过程中，如果听话人没有完全理解讲话人的意图，或没能听清讲话人的意思，这时听话人可以请求重复，或直接要求讲话人加以解释，如"Pardon？" "What do you mean by saying…？" "What does…mean？"等。通过运用这一交际策略，交际者可以将自己的意思清晰地传达出来，使交际渠道畅通，从而使交际顺利开展。

在大学英语口语教学过程中，教师应注意向学生介绍一些英语国家人们的交际策略，使学生了解英语语言规则和交际规则，提升英语口语交际能力，在交际过程中更好地让自己的讲话内容被对方所理解，并更好地理解对方的语言，改善跨文化交际效果。

（二）大学英语口语教学的原则

要想更好地开展大学英语口语教学，需要坚持如下几项原则：

1. 鼓励性原则

一般来说，学生的口语表达不仅受语言因素的影响，还常常受到一些非语言因素的影响，如心理因素、文化因素、生理因素、情感因素、角色关系因素等，使很多学生在口语练习中不愿意开口。著名学者崔（Tsui）于 1996年围绕"学生不愿意开口说英语"这一主题开展了专项调查研究，并将其原因总结为以下五个方面：

（1）学生怕说错，担心其他同学嘲笑而不愿意说。

（2）学生认为自己的语言水平低，因此不愿意说。

（3）教师提出的问题难度过大，学生本身就不理解。

（4）话轮分配得不均匀。

（5）教师提问时对沉默难以容忍，学生不愿意回答的结果无非是两种，一是教师自问自答，二是由成绩好的学生开头。

所以，为使学生更加积极地参与到口语练习中，教师应该为学生设计一些有意义的活动，并营造出一个较为安全的学习环境。在著名学者纽南（Niman，1999）看来，鼓励学生并使他们大胆说英语是口语教学中一项很重要的原则，因此教师应为学生创设更多有意义的语境。在这样的语境下，学生不会担心受到嘲笑，这样才能更好地进行口语练习，针对一些口语基础较差的学生，教师可以考虑采取"脚架式"教学方法，使教学策略与学生的状况保持一致。

2. 互动性原则

机械练习在口语教学中极易使学生感到枯燥乏味，打击学生的兴趣与信心。因此，口语教学还应坚持互动性原则，使口语训练充满互动性，使学生能够在互动练习中不断提高口语表达能力。根据互动性原则的要求，教师为学生设计的话题应该能够使学生展开互动性的练习活动。换句话说，"动"是互动性原则的核心。

如果教师采取传统的口语教学模式，在课堂上仍以提问、回答为主要方法，那么学生对口语表达的参与是被动的，这会影响学生口语能力的提升。因此，教师可以采取多种多样的教学方法，如角色扮演、对话练习、小组讨论等，使学生之间进行有效的互动练习，从而打破呆板的课堂气氛，为学生营造一种愉快、轻松的学习环境，使他们的思维始终处于活跃状态，进而全面提高他们的口语表达能力。

3. 渐进性原则

口语能力的提升常常是一个日积月累的过程，因此口语教学应该层层深入、由易到难、循序渐进地展开。比如，我国大学的学生通常来自全国各地，很多学生的英语口语表达都会或多或少受到方言的影响。面对这样的情况，教师应分析学生的语音特点与发音困难，进而为学生纠正发音提出建议与指导，使学生按照由易到难的顺序，从语音、语调、句子、语段等层面逐渐提高，主动、积极地说出发音规范的英语。需要注意的是，教学目标的设计要科学合理，过高的目标会给学生带来过多的心理压力，过低的目标难以调动学生的积极性与兴趣，因此，教学目标既不能过高也不能过低。

4. 先听后说原则

听与说是一个问题的两个方面，二者存在相辅相成的关系。具体来说，说以听为前提。在具体的口语交际过程中，只有首先听懂对方的话语，才能据此进行回应，使交际顺利进行下去。在大学口语教学过程中，学生通常先通过听来进行词汇量与语言信息的积累。当这种积累达到一定程度之后，学生的表达欲望也逐渐被调动起来，他们就会尝试着进行口语表达，进而实现真正意义上的口语交际。如果没有听的积累，就不会有说的能力。由此可见，在口语教学中应坚持先听后说原则，从而使学生在听的基础上积累，通过听来不断提升说的技能。

二、"互联网 +"视域下大学英语口语教学的方法

传统的口语教学已经很难满足当前时代发展的需求，因此基于互联网技术的口语教学应运而生，并在当前的大学英语教学中起着重要作用。那么，互联网环境下大学英语口语教学该如何展开呢？具体来说，教师可以从如下几点着手：

第一，课外教学与课内教学紧密结合。大学英语课时是有限的，因此仅仅依靠课堂是远远不能满足学生的需求的，还需要对一切可以利用的环境加以利用。课外教学是课内教学的补充和延伸，教师开展丰富的第二课堂活动，结合课堂内容组织学生展开课外活动，如英语演讲、短剧表演、作文比赛、举办班会等，同时教师让学生拍摄成视频，在多媒体教室中进行播放，其他学生根据他们的表演情况进行评判，从而取长补短。此外，教师还可以邀请一些外籍教师做专门的讲座，创办专门的英语期刊、设立英语广播等，让学生体会到口语学习的乐趣，更加热爱学习。

第二，注重网络测试与实施人机对话训练。"互联网 +"视域下的口语学习涉及学生自我测试评估口语水平、人机交互口语练习、教师布置和批改口语作业等。教师在课堂上给学生布置预习任务，让学生通过网络搜索或者下载进行自学。

第三，重视过程评价与教师科研相结合。教学与科研是同步相关的，教学对科研有促进作用，而科研又指引着教学。在教学过程中，教师根据学生的终结性评价和过程性评价的结果，再结合教学过程中的问题，撰写日志，并改进教学方法，从而提高教师的科研能力。

教师在英语教学过程中还可以采用以下教学方法：

（一）影像教学法

科技的进步使信息技术、互联网技术得到了迅猛发展，这就使在英语口语教学过程中应用影视教学法成为可能。英语原版影视具有强烈的视觉冲击力，文化性与故事性强，能够大大降低学生的学习焦虑，并从视、听、说等方面将学生的积极性与注意力调动起来，提高其认知能力与理解能力，

达到寓教于乐、陶冶情操、拓展思维的效果。因此，应充分发挥影视教学法在提高学生的英语口语能力方面的作用，使学生更加深入地参与到课堂教学中来。一般来说，将影视教学法应用于大学英语口语教学中时应从以下几个方面入手：

第一，教师在选择影视资料时，应该以不同的教学目标、学生的现有英语水平及影视资料的难度等作为主要根据，要使所选择的影视资料既有利于既定教学目标的实现，又与学生的英语水平相适应，既不会过于简单，又不会难度太大。此外，影视资料的内容要体现英语国家的文化特征，以帮助学生拓宽视野与思路。

第二，教师应在课前对影视资料进行适当剪辑，并据此来设计相应的口语练习。例如，如果选用电影中的湖泊情景的教学，可将 Leo 带儿子 Siggy 到码头教他潜水的两分钟资料剪辑出来，并采取以下教学步骤：

第一步，向学生介绍影视资料的主题，即 The Lake Scene。

第二步，向学生介绍影视资料的主要情景，即 "Leo is teaching Siggy how to do something."。

第三步，为学生介绍活动中可能用到的动词。

第四步，将学生分成两人一组，安排一人担任观看者，另一人担任倾听者。

第五步，为学生讲解任务要求。具体来说，观看者只负责观看，应放下耳机或塞住耳朵，及时记下与所看到动作相对应的动词，并对面部表情、手势、体势等非言语交际和情景给予特别关注，倾听者则需要背对屏幕，只靠耳朵来捕捉信息，并及时记录下一些关键词。

第六步，为学生播放影视资料，可以多播放几次，以确保学生尽自己最大努力来完成任务。

第七步，安排学生在组内互相交流获得的信息，即由倾听者表述自己听到的信息，由观看者表演自己看到的动作。

第八步，由各组轮流为大家表演。

第九步，再次播放影视资料，全体同学可以同时听和看。

第十步，教师对影视资料进行讲解，对同学的表现进行点评、分析与指导。

此外，教师在课前可以将一些准备工作交给有能力的学生，如安排学生辨别语音、语调，查找、核对影视资料中的生词熟语或者编辑视频资料。这不仅能有效调动学生的学习热情，还能将学生的特长发挥出来，从而达到满意的教学效果。

（二）移动技术教学法

移动通信技术不仅为人们提供了一种丰富、生动且不受时空限制的信息交流方式，其在语言学习方面的提升学习效率、丰富学习交互方式、扩展学习时间等优势也逐渐显现了出来。所以，越来越多的学者开始关注如何将移动技术与大学英语教学，特别是口语教学进行有机结合，并从多个角度对这种新的教学方法进行界定。

黄荣怀教授采取了"移动学习"这个提法，并将其定义为"学习者在非固定和非预先设定的位置下发生的学习，或有效利用移动技术所发生的学习"。

在大学英语口语教学中采取移动技术教学法可以为学生的口语练习提供全方位支持，丰富学生与英语的接触机会，并实现课内与课外的相互连接。

1. 课前自学

在课前，教师对本单元的文化语境、相关知识点进行综合考虑，并据此制作长度适中的音频或视频短片，通过博客传递给学生。学生通过移动设备取得音频或视频文件后，可以结合自己的实际情况安排选择适当的时间、地点进行自主学习。

在这一过程中，学生应完成相应的选择题或录音形式的口语作答，这有利于教师了解他们的学习情况。此外，课前的活动还能引导学生激活已有的背景知识，并事先进行充分的口语练习，有效减少焦虑、自卑、害羞等带来的负面影响。

2. 教师讲解

由于学生已经在课前对相关内容进行自主学习，对知识点已有所熟悉，因此教师的讲解主要集中在一些重要的词汇、句式与语法项目上，讲解过程也不会像传统课堂那样枯燥。教师可以在讲解过程中再次为学生播放音频或视频资料，从而使学生将所讲知识与语言材料结合起来进行理解。一般来说，教师可以采取以下三个步骤：

（1）教师先讲，学生后练。

（2）教师先做示范，学生及时领会。

（3）教师提问，学生回答。

在这三个步骤中，学生得以进行大量的口语训练活动，进而深化对材料的认知程度。

3. 课堂互动

课堂互动可以采取生生互动、师生互动等形式，旨在引导学生在具体语境中对语言进行灵活运用。需要注意的是，教师在设计互动活动时应坚持由易到难、由浅入深的原则，将机械性练习与灵活性练习、创造性练习与半机械性练习、高难度练习与可接受性练习结合起来。

课堂互动能创造愉快、轻松的学习氛围，为每位学生提供参与的机会，有效弥补大班上课的缺点，使一些害怕开口的学生也敢于进行英语交流。需要特别说明的是，学生在参与互动活动的过程中可以随时通过移动设备来查找相关信息，使移动技术真正成为口语教学的得力助手。

4. 课后的移动式合作学习

课堂教学时间往往是有限的，只能引导学生对新知识进行初级的认知与练习。要想在真实情境中对语言进行更深层次的运用，则必须依靠课后的时间。教师可以以本单元的主要内容与知识点为根据，为学生安排开放式的真实任务，以此来引导学生通过合作的方式进行口语交际，使他们在探索语言运用方式的过程中拓展新知，并在发现问题、分析问题、解决问题的过程中培养创新思维。

为保证每位学生可以顺利完成任务并有所收获，教师可以以学生的课堂表现为依据来进行分组，具体来说，教师可以用短信的方式来通知学生分组情况与具体任务，使他们的合作学习得以顺利开展。学生在完成任务时可以充分利用移动技术进行沟通，使生生之间、师生之间保持信息的通畅。学生可以将自己的任务上传给教师，教师则可以在阅览后进行及时回复并给出适当建议。

需要特别说明的是，形成性评价贯穿整个课堂内外的教学和学习活动过程中。及时的形成性评价能够使学生了解自己的学习状况并得到针对性的指导，从而增强自信心、获得成就感。学生之间的互评则将学生由被动的接受者变为主动的参与者，不仅提高了他们的成就感与归属感，还有利于调动他们的积极性。此外，教师将学生完成的口语录音存入相应的电子档案袋，对于教师客观观察学生在一段时期内的学习变化情况十分有利。

第三节　"互联网＋"视域下大学英语阅读教学

阅读教学是英语教学的主要技能之一，在大学英语教学中有着非常重要的意义。而基于互联网的大学阅读教学，其意义更为非凡，在互联网环境下，学生不仅可以获取信息输入的手段，也能够提升自身的信息输入能力，还能巩固自己的语言知识和语言技能。下面就对"互联网＋"视域下大学英语阅读教学展开分析和探讨。

一、大学英语阅读教学简述

（一）大学英语阅读教学的内容

培养、提高学生的各种阅读技能是大学英语阅读教学的主要内容，具体涉及以下技能：

能够辨认单词。

能够猜测陌生词汇、短语的含义。

具备跳读技巧。

能够理解句子内部与句子之间的关系。

对文章的主要信息或观点能进行准确梳理与把握。

对句子及言语的交际意义进行理解。

能够对文章的主要信息进行总结概括。

对语篇的指示词语进行辨认。

能够对文中的信息进行图表化理解与处理。

能够理解衔接词，进而理解文字各部分之间的意义关系。

能够把握细节与主题。

具备基本的推理技巧。

（二）大学英语阅读教学的原则

在大学英语阅读教学中，虽然各大院校的学生的水平有所不同，所教授的教学内容与教学方法也存在差异，但是教学原则要共同遵守。具体而言，主要包含以下几点原则：

1. 循序渐进原则

很多人认为，阅读能力是非常容易培养的，其实不然，阅读能力是一项非常复杂的技能。因为阅读能力的提高需要学生增加自己的词汇量、语法知识、句法知识、文化知识等，因此不是一蹴而就的。这就要求在大学英语阅读教学中，教师应该坚持循序渐进的原则。

坚持循序渐进的原则，教师首先需要进行一个合理且长远的规划。在阅读教材的选择、方法的确定、内容的明确、结果的反馈等层面都要进行规划，一步步层层展开，帮助学生不断形成自身的阅读技巧，提高自身的阅读水平。

2. 因材施教原则

学生的个性存在明显的差异，因此，在当前的大学英语阅读教学中，教师应该从学生的个体差异性出发，制订符合不同学生的教学内容和计划，以满足不同学生的需求，使得每一位学生的阅读能力都能得到长足的发展。

也就是说，对于阅读水平和阅读理解能力较低的学生，教师应该给予他们一些相对简单的阅读材料，然后在提升了一定水平之后逐渐增加难度，这样有助于帮助提升学生学习阅读的兴趣和积极性。对于阅读水平和阅读理解能力较高的学生，教师应该布置一些难度较高的阅读材料，使他们觉得富有挑战性，从而满足各种层次学生的需要。综合来说，教师应该对不同学生的基本情况与个性有一个基本的了解和把握，在阅读教学中选择恰当的内容和手段展开教学，做到因材施教。

3. 速度调节原则

在阅读中，很多学生存在这样一种认识：阅读速度与阅读能力成正比，这是错误的且不可取的。阅读速度与阅读能力并不是成正比的，阅读速度低并不代表其阅读能力不足，而阅读速度高也并不能说明其阅读能力强。所以，在大学英语阅读教学中，教师应根据教学目的、教学阶段来调整学生的阅读速度，确保教学中张弛有度，可以从以下两点做起：

（1）在课堂开始前，教师应该放缓教学速度，让学生先慢慢地了解阅读材料。

（2）随着学生知识的不断增加，学生的语感能力有了明显提高，教师可以让学生提升一定的阅读速度，如进行限时阅读等。

需要指出的是，教师不应该仅仅为了追求课堂速度而忽视对学生理解能力的培养，应该在保证学生能够理解的程度上适度地提高速度。

4. 关联性原则

阅读教学往往是围绕阅读材料展开的，但是很多学生对材料的作者、材料背后的相关信息并不了解。因此，在大学英语阅读教学中，教师应该帮助学生激活与材料相关的图式、话题、作者信息等背景知识，这就是所谓的关联性原则。

需要指出的是，关联性原则并不是要求教师在阅读课堂上大肆讲授背景知识，而占用阅读材料本身的地位，而是将这些背景知识融入阅读材料中，适度地进行讲授。此外，选择的背景知识也需要与材料主题相关，保证二者的关联性。

5. 多样性原则

当代大学英语阅读教学也需要坚持多样性原则，其主要指的是教学内容的多样性与教学形式的多样性。

（1）在教学内容上，教师选择的阅读材料应该是包含各种体裁、题材的，不能仅仅限制于一种体裁或题材，而应使学生能够熟知和了解多种体裁与题材，在以后的阅读中提高阅读效率。

（2）在教学形式上，教师要从实际情况出发，运用多种教学手段来进行教学，可以借助网络、多媒体等手段，让学生更直观、深刻地了解阅读材料。

二、"互联网 +"视域下大学英语阅读教学的方法

互联网环境下大学英语阅读教学并不是让学生漫无目的地搜索和浏览，如果没有教师的准备、指导与评价，学生很难通过互联网来提升自己的阅读兴趣和能力。因此，"互联网+"视域下的大学英语阅读教学离不开教师的参与。具体而言，教师可以从如下几点做起：

（一）科学合理地选择阅读材料

英语阅读本身属于一门训练技巧的课程，学生需要通过大量的阅读练习来掌握技巧。因此，科学合理地选择阅读材料是最关键的部分，在互联网环境下，材料内容需要与课堂贴近，成为课堂内容的一环。在阅读课堂开始前，教师应该让学生提前搜索一些阅读材料，培养学生网上查询资料、获取信息的能力。之后，教师对学生寻找的资料进行仔细阅览，并将这些资料介绍给学生，要求学生以小组的形式进行交流。最后，教师要求学生做总结报告，教师根据学生的报告给予一些口头评价。

（二）发挥网络互动优势，激发学生的学习兴趣

基于互联网的大学英语阅读教学为大学生提供了一个广泛的互动平台，让学生广泛参与其中。通过互联网提供的空间，教师和学生可以上传学习资料，实现资源的共享。在具体的教学中，教师需要结合教材目的来建设一个网络阅读资料库，将教材中的重难点置于网络上，并且补充一些课外知识，以帮助学生理解和掌握。

此外，为了避免学生感到乏味，教师应该将互联网的优势发挥出来。也就是说，教师在学习资料中添加一些图片、漫画、视频等，在字体、排版上也凸显一些特殊的地方，让学生一目了然，并且能够吸引学生的注意力。

（三）积极地开展课后拓展阅读

在课堂阅读的基础上，教师应该积极开展课后拓展阅读，并着重于学生阅读与动笔练习的结合。通过长期的训练，学生在阅读中能够快速集中注意力。教师在引导过程中，可以根据教材各个单元的内容来开展活动，如可以

要求学生从自身感兴趣的话题搜索，整理并做书面报告，进行演讲比赛。通过这些活动，学生不仅可以对各个单元的内容有一个很好的把握，还能够锻炼写作和归纳能力。

第四节　"互联网 +"视域下大学英语写作教学

写作是大学英语教学的一项技能，写作教学是英语教学的重要组成部分。通过写作教学，学生不仅能够提高自己的写作能力，还能够使学生不断提升自己的思维能力，提供自身表达思想感情的水平，诱发自身的学习动机。因此，对"互联网 +"视域下大学英语写作教学展开研究具有重要的现实意义。下面就对其进行具体分析。

一、大学英语写作教学简述

（一）大学英语写作教学的内容

一般来说，拼写与符号、选词、句式、结构等都是大学英语写作教学的内容。

1. 拼写与符号

如果缺少规范的拼写与符号，句子的含义就难以表达，文章的内在逻辑关系也难以体现出来，这就在无形之中提高了读者的阅读难度。可见，拼写与符号是大学英语写作教学中不可或缺的内容。

具体来说，学生首先应确保拼写和符号的正确性，以避免引起阅读障碍。在保证正确性的基础上，学生应努力使拼写规范、美观，易于辨认。虽然这些都属于细节问题，却对写作有着重要影响。

2. 选词

在不同的文化背景下，词汇有着不同的意义。此外，词汇的含义还有表层和深层、基本义与引申义之分。因此，如果缺乏对词汇含义的准确了解，就很难在写作过程中依据表达需要来选择适当的词汇，这将对写作效果带来消极影响。

词汇的选取既是作者与读者进行交流的一种方式，也是作者写作风格的体现，且常常取决于作者的个人喜好。因此，在进行词汇选择时一般要考虑语域的影响，如非正式词与正式词、概括词与具体词等。此外，还应注意感情色彩的因素，如褒义词与贬义词的选择。

3. 句式

句式对写作来讲非常关键，因为语篇就是由一个个词与一个个句子通过一定的组合而构成的。英语句法结构丰富多变，对句式的掌握与运用是进行英语写作的利器，这就使句式成为英语写作教学的重要环节。

为了提高学生习作的可读性，教师可以通过句式练习来帮助学生掌握对句式的运用。具体来说，教师可以为学生进行示范，从而让他们体会句式的表达效果。此外，教师还可以组织学生进行讨论，使他们在讨论中相互交流认识，深化对英语句式的认识。

4. 结构

从结构上来看，好的文章应该达到语句和谐连贯、结构完整统一的效果。此外，在布局谋篇上还应实现语句与文体、主题、题材的统一。

（1）和谐连贯。和谐连贯是一篇好文章的必备条件。所以，教师应对逻辑性与连贯性给予充分重视。在具体的写作教学过程中，教师应引导学生对词汇与词汇之间、句子与句子之间、段落与段落之间的内在联系格外重视，进而使文章实现统一、和谐、自然、流畅的表达效果。

使用恰当的连接词和过渡词语是连贯统一的重要保障。例如：

表示让步的词语：though，although，even if。

表示并列的词语：and，also，or，likewise。

表示递进的词语：furthermore，once more，for another thing。

表示比较的词语：similarly，important，in the same way。

表示转折的词语：but，however，nevertheless，while，yet。

（2）完整统一。一篇好的文章应具有清晰的逻辑与有条理的表达层次。因此，评价一篇文章优劣的重要标准之一就是看该文章是否完整统一。所谓完整统一,是指文章中所有的细节,如事实、原因、例子等都要围绕主题陈述和展开,所有的信息都要与主题相关,而所有脱离主题的信息都要删除,以保持文章段落的完整性。

(3)谋篇布局。所谓谋篇布局,就是根据不同的题材、体裁来确定篇章及段落的整体结构,并据此选择恰当的扩展模式,保证写作的顺利开展。在写作之前首先要谋篇布局,谋篇布局作为写作的起点,对写作有着至关重要的作用。具体来说,段落的大体结构是"主题句—扩展句—结论句",篇章的大体结构是"引段—支撑段—结论段"。值得注意的是,谋篇布局并不是固定不变的,当题材和体裁不同时,文章的谋篇布局也会随之变化。

(二)大学英语写作教学的原则

英语写作教学源自写作实践,反过来又服务于写作教学实践。英语教师想要在写作教学过程中取得理想的教学效果,就要遵循如下几项原则:

1. 主体性原则

大学英语写作教学首先要明确学生的主体地位,尊重学生的主体性,以学生为中心展开教学活动。只有激发学生的兴趣,提高学生的学习主动性,学生才能真正成为学习的主体。其中,小组讨论就是一种提高学生主动性的有效方式。在小组讨论时,教师可以采取多种方式,如采用提问法,也可以采用卷入式,如让学生集体回答问题等,还可以采用学生互助的方式。

因此,在写作教学过程中,教师应注意引导学生积极参与其中,发挥其学习的自主性,不断提升写作能力。这里需要注意的是,强调学生主体参与并不意味着学生可以独立写作,也不是对学生放任不管,而是注重学生在写作过程中可以参与写作的全过程,包括提纲的拟定、资料的收集、信息的处理、谋篇布局、初稿的修改与完善等。

2. 综合性原则

听、说、读、写四项基本技能相互影响、相互促进。写作并不只是单纯地写,而要与听、说、读紧密结合起来,只有这样,写作课堂才会更加生动,学生写作水平的提高才会更有效。因此,英语写作教学还应遵循综合性原则。写作可以作为听、说和阅读的后续活动,也可以作为对听、说与阅读材料的应用。

3. 对比性原则

对比性原则要求教师在写作教学过程中要注意向学生传授母语与英语之间各自的特点及二者的差别，为写作奠定基础。有很多学生虽然具备了较好的中文写作能力，但在英语写作中用英语解码与编码的能力并不完善，容易将中文写作习惯机械地迁移到英语写作中去，这样写出的作文就有很明显的中式英语的问题。

因此，教师在教学实践中应善于对英汉两种语言与文化进行对比分析，引导学生了解这两种语言在构词、造句、谋篇及思维方式等方面的差异，使学生在写作时使用地道的语言，采用英语思维，提高写作质量。

4. 多样性原则

在写作教学过程中，教师应遵循多样性原则。一方面，多样性原则指的是采取多种多样的训练形式。具体来说，教师可以引导学生采用扩写、缩写、改写、仿写、情景作文等练习，通过多种训练方式使学生不断掌握写作的技巧；另一方面，多样性原则指教师引导学生在写作时采取多种多样的表达方式。多样化的表达既可以弥补学生在语言知识方面的不足，又可以提高学生灵活运用语言的能力。

二、"互联网＋"视域下大学英语写作教学的方法

"互联网＋"视域下的大学英语写作教学有助于激发学生的写作欲望，让学生快速掌握写作方法，规范自己的写作语言，从而完成写作学习。因此，"互联网＋"视域下的相关技术是大学英语写作教学的重要拓展手段，下面就来探究"互联网＋"视域下大学英语写作教学的方法。

（一）利用计算机文字处理程序辅助大学英语写作

利用计算机文字处理程序辅助大学英语写作，代替原有写作形式。

第一，计算机文字处理程序具备对标点、拼写、大写、小写等进行检测的功能，因此为学生提供了十分便捷的工具。

第二，"拼写与语法"功能能够使学生减少拼写错误，并查出一些简单语法上出现的错误。

第三，"编辑"功能使句子段落的连接、组织、转移等变得轻松，写作者可以通过添加、剪切等手段来修改文章。

第四，有的计算机文字处理程序还带有词典，因此学生可以迅速查询词的意义和用法。

总之，计算机文字处理程序的功能在一定程度上减少了写作的重复劳动，节约了很多时间，因此，学生能够花费更多的精力在写作上，增强了他们对写作的兴趣和积极性。

（二）倡导学生运用互联网技术支持英语写作

互联网技术的出现打破了时空的限制，实现了资源共享，是对英语教学资源的补充。将互联网技术引入大学英语写作教学中，让学生上网搜索相关信息，进而对检索的信息进行分析和探讨，最终将自己的见解表达出来，完成写作。

现代大学生都十分热爱上网，教师充分发挥指导作用，可以利用网络资源来增加学生进行英语写作的机会，充分激发学生的学习兴趣，教师也需要经常对学生给予指导与监督，形成一种交流的氛围。

（三）利用 E-mail 辅助大学英语写作教学

利用 E-mail 辅助大学英语写作教学，增进师生间、生生间的交流。E-mail 对大学英语写作教学来说，是一个十分有利的助手，其有助于加强师生间、生生间、学生与网友间的交流。

在写作过程中，学生将自己的稿件利用 E-mail 发给教师或同学，然后教师和其他同学对这篇文章进行修改，并提出意见，最后该学生对自己的文章重新进行整理。另外，教师鼓励学生找一些国外的学生用 E-mail 进行交流，了解不同国家人们的生活、学习、旅游、家庭、毕业动向等情况，通过这些学生感兴趣的话题，有助于提升学生的写作热情，进而提升自己的写作水平。

第五节 "互联网＋"视域下大学英语翻译教学

翻译教学主要是为了培养高素质的翻译人才。然而，在当前社会背景下，传统的大学英语翻译教学已然不适应当前社会的要求，而将互联网技术引入大学英语翻译教学中是正确的选择。本节就来探讨"互联网＋"视域下大学英语翻译教学。

一、大学英语翻译教学简述

（一）大学英语翻译教学的由来

一般来说，大学英语翻译教学的内容主要涉及以下三个方面：

1. 翻译基础理论

翻译工具书的类别与运用方法、翻译的过程、翻译的标准、翻译对译者素质的要求、翻译理论、翻译历史等翻译理论知识是大学英语翻译教学的重要内容，有利于学生创建翻译的基本框架、树立对翻译的基本认识。

2. 英汉语言对比

教师应从语义、词法、句法、文体、篇章及思维、文化等层面为学生讲解英汉语言的区别。这部分内容可以较为完整地揭示出两种语言的异同，对于保障翻译质量大有裨益。

3. 常用的翻译技巧

一名合格的译员不仅应具备一定的翻译知识，还应掌握一定的翻译技巧，这对于提升翻译效率具有重要意义。因此，音译法、意译法、直译法、正译法、反译法、增译法、省译法等翻译技巧应成为大学英语翻译教学的重要组成部分。另外，在适当的时候，教师还可以为学生补充词性的改变、句子语用功能的再现等内容。

（二）大学英语翻译教学的原则

为了有计划、有目的、有层次地进行大学英语翻译教学，教师应该在实现学目标的基础上遵循一定的教学原则。只有在教学原则的指导下，才能实现翻译教学的有效性。

1. 实践性原则

翻译教学应遵循实践性原则。教师可以在条件允许的情况下，尽可能多地给学生提供翻译实践的机会，如到翻译公司进行真实情境的翻译实践，使学生切实体验实际的翻译过程，了解社会实际的需求。这不仅可以激发学生的学习兴趣，提高学生学习的积极性与自主性，还能为学生日后走向社会、适应社会提供知识方面的准备，使学生更快地融入社会。

2. 精讲多练原则

大学阶段的翻译教学主要是技能教学，即教师传授技能与学生掌握技能。如果采用传统的教学模式，先灌输后练习，会让学生感觉翻译教学枯燥乏味，不利于教学目标的实现。因此，在翻译教学过程中，教师应重视将技能的讲解与学生的练习紧密结合在一起，同时要以练习为基础加以总结。

在练习之前，教师首先可以介绍一些翻译技巧，再让学生做翻译练习。在练习结束之后，教师还应对学生的练习进行讲评。教师在讲评时不应只是直接将参考译文呈现给学生，也不能仅仅是针对某一练习材料的内容，而应通过对学生在翻译过程中出现的问题进行分析，引导他们进行思考、总结，培养学生举一反三的能力。另外，还可以通过对原文材料进行系统的分析，归纳练习中的知识点，总结问题，从而上升为理论。只有这样，学生才能真正掌握翻译技能。

学生翻译技能的提高是在实践中经过长期的积累不断实现的。学生只有进行大量的练习，在练习过程中去感受、去思考，积极寻找解决问题的方法，进而将自己思考的结果与已有的感性经验上升为理论，只有经过反复的实践、思考、总结，学生分析问题、解决问题的能力才能逐渐提高，翻译能力也会相应提高。这就要求教师注重对学生翻译的过程进行关注，帮助、启发、训练并鼓励学生在翻译的过程中解决遇到的各种问题。这对学生自主学习能力、创新能力的培养具有积极的促进作用，同时为今后的翻译实践奠定了基础。

3. 循序渐进原则

大学英语翻译教学也应遵循由浅入深、循序渐进的原则。在教学实践中，教师在选择语篇练习时应由易到难：就篇章的内容而言，首先应选择学生最熟悉的内容；就题材而言，应从学生最了解的题材开始；就原文语言而言，应从最浅显的开始，逐步过渡到难度较高的语言。教学活动只有由浅入深、一步一个脚印，才能不断提升学生学习的信心，逐渐培养学生学习的兴趣，从而有利于学生综合能力的提高。

4. 培养翻译能力与翻译批评能力相结合原则

翻译教学除了要培养学生的翻译能力，还要培养学生的翻译批评能力。翻译批评能力指的是对其他人的译作进行客观评价的能力，既要评价译作的优点，也要指出其中的缺点，对错误之处进行修正。教师应不断引导学生学会对其他人的译作进行评价、批评，这样可以使学生学习他人的优点，并进行自我反思，在以后的翻译中避免他人犯过错误，进而不断提高自己的翻译水平。

5. 翻译速度与翻译质量相结合原则

大学英语翻译教学的目标是培养学生的翻译能力，这既要求学生掌握相关的翻译技巧，同时又要求学生提高翻译速度。在实际的翻译活动中，经常出现催稿很急的情况，如果学生的翻译速度太慢，就可能会影响翻译任务的完成。由此可见，提高学生的翻译速度也应是翻译教学中的一项重要内容。

在翻译教学实践中，教师在课堂教学中应要求学生限时完成翻译练习。除此之外，学生在做课后练习时，教师最好也要求学生在一个规定的时间完成。久而久之，学生就会学会合理地安排时间，培养速度意识。

二、"互联网＋"视域下大学英语翻译教学的方法

在"互联网＋"视域下开展大学英语翻译教学，有助于培养学生的英汉双语翻译能力，从而获得最佳的学习效果。在具体的实施上，教师可以从以下几点着手：

（一）展开翻译课堂教学，增加英语习得

各大高等院校可以直接使用与教材相匹配的多媒体教学光盘，但是各大高校的设备资源情况不同，且配套的光盘大多是缺少系统性的翻译教学内容，因此教师需要根据不同的情况来制作多媒体课件。也就是说，多媒体课件的制作需要建立在教学过程、教学目标、教材内容、教学媒体的基础上，坚持互动性原则，以提升学生的自主学习能力，保障不同层次的学生在翻译能力上都能够得到提高。

据此，在开展翻译课堂教学之前，教师设计的翻译教学模块需要利用声音、图片、动画等刺激学生的大脑，使学生难以理解的翻译理论变得更为生动、有趣。在具体的翻译课堂教学中，教师既要对英汉互译的技巧进行分析和总结，还需要补充相应的中西方文化知识，使学生能够系统掌握基本的翻译常识。

虽然这样的教学模式还是按照译例分析—课堂翻译—课后练习的方式，但是其内容和形式与传统的翻译教学大不相同。

第一，内容上是针对不同层次的学生展开的，在课堂上由教师指导和学生自主选择，这有利于改善课堂教学的氛围。

第二，形式上不再是单调的板书形式，而是以媒体形式呈现，不仅节省了时间，还便于进行分级教学。

（二）扩大课堂信息量，克服课堂教学的局限性

课堂教学的课时是有限的，因此需要利用校园网来扩大课堂信息量，从而克服课堂教学的某些弊端。在具体的教学中，教师应以学生为中心，以互联网为手段，减轻学生的焦躁情绪，缓解学生的紧张心理。同时，为了弥补课时的不足，教师可以将课堂上未叙述详细的翻译模块放在网络上，让学生自主选择学习。

另外，教师要有计划地增大难度，加强学生对跨文化交际、英美文化的了解，开阔学生的眼界。大学生通过校园网对中英文文章进行阅读，自行进行翻译，与优秀译文进行对比并探讨，最终仿照原文写作形式来提高自己的翻译水平。

在练习的过程中，学生可以从自己的专业和兴趣出发。如果学生学的是医学专业，那么他们可以选择医学材料进行翻译练习；如果学生学的是旅游专业，那么他们可以选择旅游材料进行翻译练习。

（三）制作教学课件，建立翻译素材库

互联网课件是一种新的模式，它的制作光靠个别教师是很难完成的，且教师自身的知识结构、时间资源等都是非常有限的，因此新模式更强调资源共享、集体备课。制作教学课件，创建翻译素材库，教师应该注意如下几点：

第一，在翻译教学内容上，教师除了注重精讲，还需要注意多练。翻译毕竟属于大学英语教学的一部分，因此不可能占据多余的课时。这就要求教师应该从教学大纲出发，通过集体讨论对精讲的翻译理论和技巧进行确定，为教师提供一个框架。

同时，教师要结合自己的情况进行局部的更改和发挥。另外，在具体的实践中，教师设计的翻译练习要保证题材、体裁多样，难度要适中，并能够及时做出调整和更新。

第二，在翻译教学方法上，教师应该注重课堂与课外相结合。在传统的翻译教学模式中，往往教师讲得比较多，学生练习的机会少，学生是被动的，这就导致学生很难有兴趣去了解翻译技巧，所以课堂内的讲练结合是十分必要的。在练习的基础上，教师给学生给予一些指导性的意见，引导学生归纳翻译技巧和方法。

第三，在翻译教学建设上，要及时补充，更新翻译素材库。从具体的、大量的教学实践中归纳出理论，然后将这些上升为理性认识，反过来对实践进行指导。翻译素材也要与时势相符，要反映当代社会的各个层面，其难度要体现层次性。教师也要发挥主观能动作用，不断地扩充素材库。

第五章 "互联网+"时代高校
英语教学的师资优化

当前是信息科技高速发展的时代，互联网已经遍布全国的各个角落，在"互联网+"的时代背景下，高校英语教师也需要对其自身的发展与提高做出要求，以适应当前社会的变化与发展，同时不断满足学生日益增长的知识需要。英语教师是英语教学实施的主体，他们承担着传授英语知识、教授英语技能、增强学生英语交际能力的重要责任，他们是广大学生英语水平提高的指引者，英语教学师资队伍的素质，能够对英语教学效果产生直接的影响，而且与学生的全面发展息息相关。因此，在"互联网+"时代的高校英语教学过程中，加强师资优化，有助于有效落实素质教育，有助于推动课程体系构建，为中国特色社会主义现代化建设培养高素质人才。

第一节 高校英语教师的角色及素质要求

在"互联网+"的时代背景下，人们的生活发生了翻天覆地的变化，高校英语教学模式需要做出改变，同时高校英语教师所发挥的作用也产生了一定的变化。

一、高校英语教师的角色

（一）教师的角色

1. 教育者

教师首先是一名教育者，那么作为一名教育者，教师就需要承担起教书育人的重任，对学生进行教育与培养。那么教师要想成为一名合格的教育者就需要具有强烈的责任感和浓郁的敬业精神，在日常生活中能够以身作则，除了对学生进行知识的传授之外还应该用自身的行为感染、熏陶学生，从而使学生形成正确的世界观、人生观和价值观，帮助学生树立良好的人格。

2. 工程师

教师被称为"人类灵魂的工程师"，教师需要承担起引导人、改善人和塑造人的任务。教育的目的就是使人向着好的方向发展，纠正人们不好的行为、净化人们不好的心灵。教师既然是工程师就需要掌握一定精湛的技术，这个技术就是教师教书育人的能力和知识的储备量。因此，教师必须在知识储备和教学技能方面不断地使自己得到提升。

3. 激励者

教师是学生人生道路上的引路人，更是学生成为一名成功者的激励者。那么作为学生人生的激励者，教师需要承担鼓励学生学习、满足学生求知欲望的使命。在教学过程中，教师应该予以学生充分的信任，通过鼓励等方法激励学生的学习兴趣，对知识的渴望是学生取得进步的基础和前提，同时也是学生获得优异成绩的巨大动力。教师的任务就是教学，通过教学内容的传递推动学生敞开他们的智慧之门，调动他们的学习兴趣，从而激励他们勇于探求知识、探索世界。

4. 艺术家

教师能够将原本不够优秀的学生变得优秀起来，这就像艺术家创造一幅精美的画卷一样，因此，教师也是一名伟大的艺术家，教师通过手中的"知识之笔"和"智慧之笔"在学生人生的画卷上留下非常重要的一笔，使学生有一个精彩的人生，因此教师在学生生涯中扮演着重要的艺术家角色。除此之外，教师还在学生中传播"美"，教会学生什么是"美"，如何才能做到"美"，以此不断提高学生欣赏"美"的能力。生活之美、工作之美、学习之美等，都是教师需要让学生用心体会的，这是教师作为一名"艺术家"应该做到的事情。

5. 指导者

教师是学生学习过程中的引导者，因此其在学生学习中扮演着"指导者"的角色，这一角色对于学生的学习非常重要。教师通过对学生进行知识的传递与思想的引导，促进学生掌握一定的科学文化知识，并且形成一定的人生技能，让学生在未来有一个更好的发展，因此教师"指导者"的身份对学生获取知识来说至关重要。

从上面的描述中我们可以看出，教师这一职业有着多重角色，他们不仅是一名教师，同时还是一名伟大的工程师、一名学生的激励者、一名富有创造性的艺术家和一名学生获取知识的指导者。无论未来科技多么发达，无论社会多么进步，也无论教师所教学科多么不同，各个教师所承担的使命和任务都是一样的，教师的本质特征是不会发生改变的，所以每一位教师都应该做到这些共有的特性，成为一名合格的教育者。

（二）英语教师的角色

英语教师是教师职业的重要组成部分，因此英语教师除了要具备上述提到的共有角色之外，还要承担学科所特有的角色。英语学科是一门较为特殊的学科，是中小学除了语文之外的另一门语言类课程，英语教学有着其特殊的方法和体系，因此教师在教学过程中需要从英语这一学科的特点出发，不仅要使学生掌握英语语法，同时还要教会学生如何说、如何听和如何用，注重提升学生听、说、读、写的能力。除此之外，英语对学生来说是比较难的学科，尤其是对男生来说，教师需要通过一定的教学方法来激发学生学习英语的兴趣。因此，英语教师通常扮演着以下八种角色。

1. 英语语言知识的引导者

教师是英语语言知识的诠释者，因此教师要具有渊博的英语语言知识储备。也就是说，英语教师必须对专业知识有系统的掌握，并能够系统地分析各种英语语言现象。通常英语教师需要掌握的专业知识包含理论知识、语境知识、实践知识等。英语教师只有掌握了这些知识，才能对语言材料、语言现象有一个清晰的剖析和阐述，也才能解答学生学习中遇到的问题，使学生能够恰当地理解并实现语言输出。可见，英语教师是英语语言知识学习的引导者和帮助者。

2. 英语语言技能的培训者

英语教师不仅是英语语言的诠释者和分析者，更是英语语言技能的培训者。学生在学习语言时，对语言知识的掌握是必要的前提条件和基础，而学习语言的目的是提高自己的语言运用能力。英语教育的目标是让学生具备一定的读写译能力，而听说能力是提升学生读写译能力的前提和基础。因此，在大学英语教学中，教师必须具备掌握语言技能的能力，这是一个全方位掌握的概念，是听、说、读、写、译的有机结合。

3. 英语课堂活动的组织者

对任何教学活动来说，课堂活动都是必不可少的，大学英语教学也不例外。英语课堂活动是课堂教学的载体，设计合理的英语教学活动有助于提高教学的质量。英语课堂活动是训练语言技能的一种有效方式。

4. 英语教学方法的探求

在英语教学中，教师不仅是固有教学方法的使用者，也扮演着新型教学方法的探求者和开发者的角色。语言教学具有很强的实践性，因此与教学方法关系密切。英语语言知识的分析、语言技能的掌握、课堂活动的组织等都离不开科学的教学方法。任何一种教学方法都不是万能的，英语教师需要将各种教学方法综合起来对教学进行组织和实施，以便获得更好的教学效果。

5. 语言文化差异的解释者

英语教师还充当着中西方语言文化差异的解释者的角色，文化差异逐渐成为中西方跨文化交际的障碍。在英语教学与学习中，除了要教授英语语言知识和技能外，还需要教授文化背景知识，三者是相互促进、相互弥补的关系。

6. 英语语言环境的创设者

语言环境对于语言学习有着至关重要的作用。通过创设真实的语言环境，教师可以将新旧知识串联起来，了解中西方的文化传统习俗，接受原汁原味的中西方文化的感染和熏陶。这比学生单独学习词汇、单独学习句子等成效显著得多。英语语言环境的创设不仅在课堂教学中展开，在课外也应积极创设。在课堂上，教师可以利用网络多媒体技术让学生了解与西方社会文化资源接近的各类文化资源和语言环境。在课外，教师可充分利用网络教学平台、引导学生阅读英语报纸杂志等，使学生能置身于英语学习的环境中，不断提高其英语水平。

7. 英语教学测试的评价者

根据《大学英语教学指南》，教学评价是大学英语教学的一个重要环节。对大学英语教学进行科学、全面的评估对于教学目标的实现是非常重要的。教学评价既是教师获取教学反馈、确保教学质量的一个重要依据，也是学生改进学习方法、调整学习策略的一个有效手段。

8. 英语语言教学的研究者

英语教师除了担任语言教学任务外，还承担着研究者的任务。他们在掌握语言教学理论与性质规律的基础上，逐渐构建自己的教学理念，并运用这一理念去指导实践活动，达到良好的教学效果。因此，英语教师在英语语言教学实践中，必须进行英语语言教学的理论研究，将教学研究与课堂教学实践相结合，从而实现理论到实践的转变，再到理论的升华。

（三）基于"互联网+"的英语教师的角色

在信息科技高速发展的当代，互联网的兴起对教师角色的扮演提出了更加严格的要求，教师面临着更大的角色扮演挑战和教学挑战。目前是"互联网+"的时代，时代的进步要求高校教师使用更加先进的教学方法和教学手段，改变原有的教学理念和教学模式，只有这样才能够更好地适应当前时代的发展和满足当代学生对于知识的渴求。因此在"互联网+"时代，高校英语教师除了要扮演上述八种角色之外，还要积极主动地担任起以下六种角色。

1. 单元任务的设计者

高校英语教师在教学过程中，每一个单元都有单元主题目标，这一主题目标通常都需要教师合理地设计单元任务，学生通过对这一任务的学习与操练使自己的英语知识面得到拓展，同时通过任务的解决也可以提升自己分析问题和解决问题的能力。因此，围绕着单元主体目标而设定的单元练习任务对于学生学习英语有着非常重要的意义，那么相应的教师的任务也出现了，就是对单元训练任务进行合理设计。这一任务的设计需要以学生的学习水平为基础，要能够体现和提升学生的现有学习水平，不能过于困难也不能过于简单；教师在提出单元任务之后要求学生在规定的时间内完成，然后对学生完成的结果进行及时查看，最好当场给出分数和评价，让学生知道自己的优势和不足之处。在设计任务时应该体现全员参与性，充分调动学生学习的热情和积极性。

单元任务的设计需要体现出学生在某一单元学习过的内容，要能够对学生学习过的内容起到巩固与复习的作用。只有学过的知识被充分地吸收和掌握，学生才能逐渐地、真正地掌握英语这一门语言。

2. 教学模式的设计者

在"互联网＋"的时代背景下，高校英语教师需要改变原有的教学模式和教学方法，寻找更加新颖的、能够适应学生学习需要的教学方法和课堂教学模式，不仅要充分利用互联网的优势，还要吸引学生的学习注意力和提升学生学习英语的效率。因此高校英语教师在设计教学模式时，需要以学生感兴趣的话题为基础，增强学生的学习兴趣，比如校园生活、学业压力、人际关系、就业、考研等。教学模式在实施的过程中不能离开教师的教学主题，还可以让学生进行分组讨论或进行主题写作，以实现对某一主题的学习与掌握。

由于教师教学过程中需要借助网络，因此教师在对教学内容进行安排时需要提前从网上筛选出合适的教学辅助材料。但也不是所有的教学都需要网络教学，如对内容的讲评或学生讨论就不需要借助网络，而阅读和写作课就可以借助网络进行教学。

当前互联网高度发达，无论什么样的英语学习主题几乎都可以在网络上找到相关的学习资料，而这些网络资料通常又是非常全面的，包含这一主题的文化知识背景和主题发展动态；教师提供了学习材料之后学生又对主题材料进行整理与总结，总结出自己的结论或心得后，最后再与其他的同学进行讨论，这种学习模式不仅可以提升学生自主学习的能力，同时还可以培养学生的人际交往能力。教师打破了传统的教学模式，同时也取得了更加显著的教学成果。

3. 学生网络学习的帮助者

在"互联网＋"的时代背景下，教师有的时候需要通过网络进行授课，那么这个时候就需要教师充分发挥自身对学生的网络监控作用。教师不仅可以通过网络进行授课，也可以通过网络监督学生的学习过程，了解学生的学习动态，为学生及时地提供学习需求。教师可以通过互联网对学生进行辅导与帮助，尤其是对于一些成绩比较差的学生，网络辅导教学是非常重要的，可以帮助差生及时地解决疑问，从而提升差生的学习成绩。不仅如此，教师还可以通过监控学生浏览网页的次数和频率对学生的学习爱好进行了解，同时也能够了解学生在学习过程中遇到了哪些问题，因此，网络教学对教师来说是非常方便的，也具有较强的实际意义。

值得注意的是，教师关注的不仅是学生共有的疑问，对于个别疑问也应该重视，进行有针对性的解答，这样有助于提升个别学生的学习成绩。综上所述，学生网络学习通常会方便很多，教师在学生网络学习中也扮演着重要的角色，为学生的网络学习提供帮助，由此解决学生的疑问，提升学生的学习成绩和学习能力。

4. 在线学习系统的建立者

在"互联网＋"的时代背景下，网络技术为学生的学习提供了诸多便利，同时也对教师的教学有着重要的辅助作用，但是无论是教师借助网络进行教学还是学生借助网络进行学习，都需要建立一个完善的学习系统，而教师就是这一学习系统的建设者。教学过程是教师教和学生学共同组成的一个动态过程，因此这一学习系统不仅要包括教师端，同时还包括学生端。学生需要在学习系统中填写个人的基本信息，然后向自己的班级教师发出加入申请，教师再对加入的学生进行审核，审核通过后学生才能够成功地加入学习系统中来。

学习系统中有各个功能的导航，依据导航提示，学生可以对自己学习所需要的材料进行下载。比如，在学习系统中，通常都会有"单元测试""家庭作业"等学习项目，学生可以在线对这些练习进行作答，然后提交由老师审阅、批改。如果学生想参与讨论的话，就可以通过"师生论坛"或者 E-mail 的形式与教师或者其他同学进行讨论，参与网上学习互动。

由上述描述我们可以知道，学习系统实际上就是课堂教学或网络教学的课外延伸。通过这一学习系统，教师可以清楚地看到学生的学习记录与学习成果分析，进而快速地、直观地了解学生的学习效果与对知识点的掌握情况。

5. 交互机制实施的促进者

英语是一门语言类学科，教师只是对学生进行语言的输入，实际上并不能保证学生真正地习得英语这门语言，但是交互活动却可以很大程度地帮助学生习得英语，这里说的交互活动主要包括意义协商和语言输出两个部分。互联网时代的网络技术又为这一交互活动提供了极大的便利，使这一交互活动有了前提条件与基础。教师是交互活动过程中的有效促进者，其应该积极地引导学生参与到交互活动中去，从交互活动中感受英语的魅力，提高他们的英语学习兴趣。比如，在 BBS 上发布一些与教学内容有关的拓展知识或练习，可以通过校园 BBS 给学生布置相关的学习任务，对学生的学习起到复习和巩固的作用，同时 BBS 也是一个很好的讨论交流平台，具体使用步骤如图 5-1 所示；也可以借助微信或 QQ 让学生在群里进行交流与讨论等。这些交互平台既具有即时性，同时也具有一定的延时性，因此教师在交互过程中，应当充分发挥自身促进者的作用，讨论的时候和学生进行及时的讨论与交流，维持交互活动正常进行。

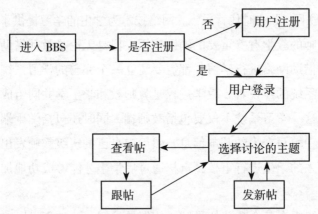

图 5-1　BBS 讨论交流平台应用步骤

6. 数据搜集整理的分析者

早在几年前随着我国信息技术的发展，我国就已经进入大数据时代。大量的优质课程纷纷在网络上出现，学生不用花钱就可以获取大量的优质公开课程或高质量的学习资料，在学习方法这一方面学生有了更加多样的选择，那么在这种环境下，高校教师就需要使自身变得更加优秀，对自己提出更高的要求。数字教育平台的建立使各科都有了优质的学习资源，网上学习的学生也在不断增加，教师通过对学生学习数据的挖掘与分析，可以快速而准确地了解学生的学习动态，及时把握学生的学习情况，对教师下一步教学内容的制定与教学方法的选择都具有重要的参考意义。

高校教师要想利用数据的挖掘与分析功能，就需要掌握数据挖掘与分析的技巧，这一技巧包括模型预测、机器学习、比较优化、可视化等。

二、高校英语教师的素质要求

互联网技术的发展在很大程度上引起了教学理念和教学方法的变革，其中"以学生为中心"的教育理念逐步地深入人心，得到高校教师的广泛认可。在"以学生为中心"的教育理念下，高校教师更应该加强自身素质的建设，以身作则，进而潜移默化地影响学生。

（一）职业道德要求

职业道德指的就是教师在从事这一行业时所具有的职业操守和道德品行。教师职业道德是教师在教学过程中道德意识、道德规范、道德情操等一些素质的综合。不管时代如何变化，教学方法与教学模式如何创新，教师的职业道德要求是不会发生改变的。

以互联网为依托的教学有线下教学，也有线上教学，而且随着时代的发展，线上教学以其独特的优势越来越受到人们的欢迎；在进行线上教学的时候学生与教师通常面对的都是屏幕或摄像头，都是与机器设备之间的交流，那么在这种情况下学生如果遇到了问题或疑问就需要教师做出更加细致、耐心的回答。因此，线上教学模式要求教师有更加高尚的品德修养，有更加强烈的耐心和责任心，对于学生的学习情况也更加关注，特别是对于学生不懂的地方。

具有良好职业道德素质的高校英语教师一定是对学生循循善诱、耐心有加、善于关注学生学习情况以及学生身心健康状况的。教师通过把握学生的学习特点和心理特点，帮助高校大学生在"互联网+"时代形成健康的生活心理、学习心理和工作心理，引导高校大学生树立正确的职业观、人生观和价值观，形成积极向上、健康的心理。

互联网实际上是一个复杂的环境。互联网中有好的、积极向上的信息，同时也有不好的、消极颓废的信息，而这些好的或不好的信息都会给高校学生带来无形的影响，因此面对互联网环境，其信息实际上是非常复杂的。而当代高校大学生对新鲜事物充满了好奇心，尤其对新兴事物他们都希望自己能够亲身体验一下，对于一些不良信息也缺少一定的抵抗能力，这种情况下高校大学生的网络处境实际上是非常复杂且危险的。所以，高校英语教师首先要有高尚的职业道德和职业操守，然后对学生进行耐心的引导，积极了解他们的心理动向；高校教师也可以通过了解高校学生的兴趣爱好为学生推荐良好的兴趣软件，防止学生陷入不好的环境中去。

为了防止学生陷入不良的网络环境中，高校教师需要及时地为学生提供可以帮助学生学习的电子书或学习资料的视频文件，防止学生因随意查找资料而进入不良环境中。同时教师还需要建立QQ群或微信群等，为学生提供讨论平台和讨论空间，增进师生之间的沟通与交流，及时为学生解决学习过程中遇到的问题。

除了上述提到的要求之外，教师的良好道德素质还体现在以下四个方面：

1. 具有高度的责任感

青少年是未来国家发展的动力，是民族发展的希望，而教师在青少年的生活中扮演着重要的角色，教师对青少年进行培养与教化，承担着为国家与民族培养高质量人才的重要任务。教师的言谈举止都可以对学生产生重要的影响，简而言之，其对于青少年世界观、人生观和价值观的树立有着举足轻重的影响，责任是作为一名教师的职业灵魂。由此可见，责任对教师这一职业来说有多么重要。

除此之外，我国高校教师还应该对学生产生正向的、积极的影响，引导学生为祖国未来的发展而努力，成为一个有着强烈的爱国思想和民族气节的合格的大学生。

2. 热爱教育事业，爱岗敬业

教师职业道德的内涵是十分丰富的，爱岗敬业是其中之一。每一位教师都应该为教育事业而奋斗终生，以培养更多的人才为职业目标，为教育事业献出自己的青春和生命，对待工作认真负责、一丝不苟，对待学生严慈相济，不离不弃。只有对教育事业有了足够的热爱才会将自己的一生都献给教育事业，只有拥有强烈的热情和责任心，才能做好教书育人的工作，才能在自己的职业岗位上焕发光彩，富于激情，才能成为一名合格的人民教师。

3. 关爱学生，诲人不倦

康有为曾经将我国教育划分为四个不同层次，即幼教、小教、中教和高教，而且不同的教育层次的教师素质和行为准则也不完全一样，他认为中教层次的教师需要"行谊方正，德性仁明，文字广博，思悟妙通，而又诲人不倦，慈幼有恒"；而高教层次的教师则需要"专学精深，奥妙实验有得"，可见中教层次的教师更加注重对学生的热爱，高教层次则比较注重教师专业的精通。教师热爱学生是作为一名教师应该具备的最基本的职业道德素质，而且教师对学生的关爱是学生取得成功的关键因素，这一教师职业道德素质主要体现在对学生的了解、信任和尊重上。高校英语教师要做到"以学生为中心"就需要以推动学生发展为中心，能够设身处地地为学生着想，关心学生的生活、学习、思想等各个方面，努力和学生成为无话不谈的好朋友。

4. 以身作则，为人师表

教师通过自身高尚的行为对学生产生潜移默化的影响，对于学生行为习惯的形成具有重要的影响，因此教师需要做到以身作则，时刻谨记自己为人师表应该有的行为。而且新课程改革也明确提出为人师表，必须要成为学生行为规范的示范者，而不仅仅是促进学生的学习。因此，教师无论是在生活中还是在工作中都应该时刻注意自己的言行举止，严格要求自己，用自己的行为感染学生，促使学生向好的方向发展。与此同时，教师还应该熟知教师职业道德规范的内容，做到终生爱岗敬业、以身作则，以此来影响自己的学生形成正确的"三观"。

（二）专业素质要求

1.丰富的专业知识储备

上述对教师应该遵守的职业道德规范进行了详细的阐述，那么除了教师职业道德规范之外，作为一名高校英语教师也需要遵守相关专业素质方面的要求。在当前互联网高速发展的时期，高校英语教师为了更好地满足学生的专业学习需求，就应该具备丰富的专业基础知识，扎实的专业知识是对高校英语教师最基本的要求。这里的英语专业知识主要指高校英语教师的英语基本功，简单来说，就是高校英语教师掌握和使用英语语言知识和技能的能力、将英语的相关知识精准而完整地传达给学生的能力、用英语进行课堂教学的能力，这也是高校英语教师必备的最基本的专业素质了。

如何体现出高校教师具有较强的业务素质，其英语的口语表达能力和写作能力是两个重要的衡量标准。因为在"互联网+"这一时代背景下的高校英语教学如果采用新兴的网络教学的话就需要教师通过文字与声音和学生进行交流与沟通，可想而知，如果教师自己都无法用英语清楚地表达其意思，那么这一节课一定是无效的，学生会没有任何收获，更别谈师生之间的有效沟通了。与此同时，教师还需要对学生的批判性思维进行培养，英语是西方国家的语言，需要学生形成正确的是非观；同时教师需要引导学生正确地对待不同文化之间的差异性，消除对异国文化的偏见，只有这样才能更好地学习一个国家的文化和语言。

由于是网络教学，因此高校英语教师还需要具备一定的使用现代科技进行教学的能力，充分利用现代网络信息让学生学习到更加全面而系统的知识。

2.先进的教育理念

在"互联网+"的时代背景下，高校英语教师完全可以利用网络的力量为学生提供一个较为真实的语言学习环境，让学生在真实的语言环境中去感受英语的魅力，体验学习英语的乐趣，而不只是为了应付大学中的期末考试或英语等级考试。当然，在为学生提供真实的语言环境之前，高校教师需要先转变自身的教育理念，树立先进的教育理念，拥有长远的目光。简单来说，这种先进的教育理念就是"以学生为中心"，教给学生真正需要的知识，能够在未来的生活与工作中运用到的知识，而不是像先前的理念一样，只是为了让学生顺利通过考试。

高校教师需要对自己的学生有一个充分而全面的了解，知道学生将来打算使用英语做什么，然后再根据学生的需要选择教学内容，真正做到"以学生为中心"，而不是想当然地认为学生都只是为了通过考试才学习英语的。"以学生为中心"的先进教育理念还体现在教师与学生在课堂教学中的互动上，教师在教学过程中扮演着主导者的角色，而学生才是学习的真正主体，因此高校教师在"互联网+"这一时代背景下一定要注意多与学生互动，让学生树立学习的主人翁意识，让他们认识到学习是为了自己而不是为了别人。总而言之，先进的教育理念对高校英语教师来说十分重要，也是高校英语教师必须具备的专业素质之一。

3. 创造性的思维方式

在思维这一方面最为可贵、也最为难得的就是创造性思维，创造性思维是一种具有很高实用价值的思维方式，其主要指的是人们运用新的方式、新的技术分析问题和解决问题的思维方式。一般来说，创造性思维主要具有四个方面的基本特征：

首先就是创造性思维的独特性。主要体现在主体打破常规思维，从新的角度去分析问题和解决问题的能力。

其次是创造性思维的多向性。主要包括两个方面，即发散性思维和聚合性思维。

再次就是创造性思维的综合性。主要体现在主体通过分析、归纳与综合，从而找出事物的主要矛盾或矛盾的主要方面并妥善解决的能力。

最后就是创造性思维的发展性。主要体现在主体对于事物的发展具有预见能力，从而推测出事物接下来的发展趋势。

在"互联网+"这一时代背景下，高校英语教师应该主动培养自己的创造性思维，使自己在教育教学创新和教育科研发展方面有所建树。高校英语教师的创造性思维还体现在教学方法的创新、教学模式的创新等方面。只有具备了创造性思维，高校英语教师才能够培养出具有创造性思维的学生，因此，创造性思维是高校英语教师最为重要的专业素质。

（三）科研能力要求

理论来自实践，教学理论实际上也来自教学实践。这一教学实践不单单指教学方面，同时也包括科研方面，科研实践能力也是高校教师需要具备的能力之一。可以说，科研实践也是检验科研理论的一个重要标准，因此高校教师要想在科研方面有所成就就需要具备使用科研理论和进行科研实践的能力，科研实践和科研理论共同促进高校英语教师科研能力的提高。

在"互联网＋"这一时代背景下，高校英语教师要想具备科研能力，就需要先掌握一定的科研方法，如教学实验法、问卷调查法、访谈法、文献法等。在具体展开研究的时候，高校英语教师可以选择一个与自己专业发展方向一致的方面进行研究，研究的时候需要注意研究方法的选择。伴随着科研能力的形成，教师还需要具有信息加工、网络搜索、信息反馈等能力。

科研能力是高校教师必须具备的专业素质之一，良好的科研能力有利于促进高校英语教学的开展，而教学实践的开展又促进了科研的进步，从而形成一个良性循环。事实上，教师的科研能力对于教学水平的提高是非常重要的，具体内容如下：

1. 高校英语教师要具备科研能力和教学研究能力

教师要能主持科技项目，能跟踪本学科的发展方向，运用所学知识解决教育教学中遇到的实际问题，提高教学质量，促进学生发展。通过科技项目开发，提升教师的学术水平，推动产、学、研三者有机结合。同时，大学英语教师也是英语知识结构、教学内容和教学资源的改造者，积极参与教学过程，完善课程体系。

2. 高校英语教师要通过科研提高教学水平

英语教师要通过科学研究，不断丰富、加深和更新自己的知识，活跃学术气氛，提高学术水平，从而深化、丰富教学内容，提高教学能力。教师要用自己的科研思想影响学生，通过在教学中提出新课题，激发学生强烈的求知欲和创新欲，促进学生科研能力的提高和创造性思维的培养。

（四）实践水平要求

1. 实践能力

高校英语教师的教学实践能力对于高校英语教学十分重要，其也是高校教师实践能力的重要体现。高校英语教师的实践能力指的就是高校英语教师具备的改造能力和从事英语教学的能力，如信息技术的操作、教学工具的使用等。高校英语教师的实践能力主要表现为两个方面，一个是实际运用能力，另一个就是指导实践教学的能力。

（1）实际运用能力

实际运用能力指的就是高校英语教师使用英语撰写文章、撰写论文、编写教材、进行学术交流等的能力。其中学术交流是高校英语教师日常教学活动中的重要组成部分，也是高校英语教师的重要职责。高校英语教师需要通过自己的一些科研成果促进所在高校英语专业的发展。不仅如此，高校英语教师还可以在学术交流中发现自身存在的不足，进而得到弥补，促使自身学术水平的提高。

（2）指导实践教学的能力

高校英语教师运用英语的能力实际上对学生学习英语产生着重要的影响，这一影响是渗透于教师教学过程中的，是潜移默化的，高校大学生的英语听、说、读、写综合运用能力与教师在教学过程中提供的实践指导是密切相关的。"听"是学习英语必然要经历的一个环节，同时也是课堂教学互动过程中必须要经历的一个过程，高校英语教师需要利用自身的听力能力对学生的发音、语调、语法和表达进行及时的纠正；而高校英语教师的"说"则显得更为重要，教师流利而标准的发音可以为学生提供一个较为真实的语言环境，对于学生学习英语起到示范性作用，同时对于培养学生的口语表达能力也具有重要的影响；"读"是高校英语教师最基本的一个专业技能，通过读教师可以更好地把握教学内容，向学生传达教学信息；"写"考查的更多的是高校英语教师对英语这一语言的运用能力，写作通常能够体现出一个高校英语教师的专业水平，教师较强的"写"的能力对于学生写作水平的提高具有直接的促进作用。

2.搜集信息的能力

在"互联网＋"这一时代背景下，高校英语教师的实践能力还体现在其对信息的搜集与运用能力上。互联网上的信息通常都是海量的，高校大学生虽然具有一定的辨别意识，但是缺少一定的抵抗能力，因此高校英语教师面对海量信息的时候就需要进行理智的筛选。高校英语教师应该能够迅速锁定自身教学对于信息的需求，然后快速提炼出有意义的信息，再进行运用，解决教学过程中出现的问题。高校英语教师还需要掌握正确而多样的信息检索方式，通过多种渠道获取自身需要的信息。

在"互联网＋"的时代背景下，高校英语教师具有较高的信息搜集能力和现代技术掌握能力对于教学质量的提高有着重要的作用，通常情况下，高校英语教师要想提高自身的搜集信息能力就需要做到以下三个方面：

首先，高校英语教师需要具备一定的信息敏感性，可以快速地从复杂的海量信息中捕捉到自己需要的有效信息，能够从网络信息中捕捉到英语学科的发展动态。与此同时，高校英语教师还需要善于捕捉学生的动态信息，对他们的学习动向进行准确把握。

其次，高校英语教师需要具备一定的信息获取能力、信息存储与加工能力、信息筛选与创造能力等，可以说这是高校英语教师具备良好的信息搜集能力的核心表现。

最后，高校英语教师还需要具备了解动态信息和捕捉前沿信息的能力。

第二节　高校英语教学对英语教师素质提升的途径

对高校英语教师素质的提升主要可以从两个方面进行，一个是内部提升，另一个就是外部提升。内部提升强调教师对自身教学的反思以及在教学方面的努力程度。外部提升的途径主要是教师参与职业培训、学术会议等活动。

一、反思教学

（一）反思性教学理论

随着我国教育教学改革的兴起，反思性教学越来越受到人们的关注，这一理论最早可以追溯到杜威和肖恩时期，杜威认为反思实际上就是一种较为特殊的思维方式，他认为人之所以会反思，是因为人们在实践过程中产生了困难或疑惑，同时"反思"也被杜威看作用于探究和解决问题的有效手段，杜威认为"教学活动在本质上就具有反思性质"。与杜威不同的是肖恩将"反思"分成了两种类型，一种是"对行动的反思"，另一种是"在行动中反思"。肖恩认为，在教学的过程中，"对行动的反思"要么发生于课前，也就是对课堂教学内容进行思考与计划时；要么发生在课后，也就是在对课堂讲授过的内容进行思考的时候。而"行动中反思"则发生在教学过程中，教师在教学时，有的时候会遇到偶然的反应或知觉，而教师则需要对这些反应或知觉做出及时的反应，从而使自己的教学正常进行。

1. 反思性思维与教学创新

杜威是美国著名的哲学家和教育学家，其是最早对反思问题做出系统论述的人，其对反思性思维进行了深入的研究，同时他也提出了如何培养出具有反思性思维的教师。杜威认为，反思是知识获取的最好办法，因为反思使学习者对自己学过的知识进行深入思考，有利于学习者对学过的知识进行深入的理解和巩固，从而有利于对知识的把握。反思性思维与常规思维有着本质的区别，常规的思维通常都是由教授者对学习者进行知识的硬性灌输，无法引起学习者的主动思考；而反思性思维则是学习者对所学的知识进行反复思考与揣摩。就学习者的具体表现来看，反思性思维通常较为沉默，但这并不意味着反思性思维就是沉思默想，其实际上是思想从经验到人的活动结果再回到原先尝试的假设和猜测活动的一个复杂的过程。

杜威关于反思性思维的论述对于我国教育教学的创新有着显著的影响，反思性教学在一定程度上解放了我国教师的传统教学思想，使我国教师从以往的单一的和固定不变的教学行为中解放了出来，同时也促使我国教师变得更加深思熟虑与谨小慎微，能够按照一定的计划实施行动。而且教师在反思性教学过程中能够及时地发现问题并解决问题，进一步激发了教师教学的创造力，使自身的教学水平得到不断的提升。教师在教学过程中遇到的问题又可以激发教师的学科研究动力，从而促进其对学科知识的研究，推动学科教学与学科发展。教师在不断地反思、发现问题、解决问题的过程中就会逐步形成自己的科研理论，这成为教师进行创造性教学的关键。

2. 教师个人实践理论和反思性教学

教师个人实践理论最早是由美国著名学者唐纳德·肖恩提出的。唐纳德·肖恩认为，教师教学时一般都会受到两种理论的支配，即公共理论和教师个人实践理论。所谓的公共理论指的就是一种一经产出就成为某一类群体或全人类一起共享的理论成果或理性认识，这一享有是不需要付出任何代价的；而个人实践理论刚好与公共理论相反，指的是某一个体产出之后，就储存在创造主体脑中的理论，它不具有公共性，而是由个人产出、个人享有并运用，与他人无关。那么这样一来就不难看出，教师的个人实践理论实际上就是教师在教学过程中形成的教学方法与经验。然而教师原本掌握的公共理论要想对自己的教学实践发挥一定的作用，就需要教师先对这一公共理论进行理解、吸收和内化，然后与个人经历、知识等相结合，还需要经过一定的批判性分析才能变成教师个人的实践理论，只有变成了个人的实践理论才能更好地服务于自己的教学。

公共理论在向教师个人实践理论进行转化的过程中，最为重要的途径就是教师的反思性教学。由于教师是一个反思型实践者，因此实践在教师形成个人实践理论过程中也具有非常重要的作用。正如上述提到的肖恩的理论一样，教学实践由"对行动的反思"和"行动中的反思"共同组成，实际上两种反思行为是相互促进的，共同推动教师形成个人实践理论。在教学过程中，如果反思型教师发现自己的教学行为产生的结果和自己预先的目的不相符合，或在教学行为中出现了什么问题，他们就会及时地做出反应以解决问题，而且在教学行为结束之后就会对自己处理问题的方式方法进行反思，同时对已有经验也进行批判性反思。

有的时候如果反思型教师遇到了教学问题，也会选择和其他的教师进行讨论，并想出解决办法，那么，接下来反思型教师就会更加系统地对问题进行分析和解决，甚至将频繁出现的问题作为课题进行深入研究，以形成个人实践理论。从发现问题到反思问题，再到解决问题这一过程实际上就是教师认识的逐步深入的过程。教师的反思贯穿于整个教学实践过程，经反思得来的个人实践理论也可以用于指导反思型教师接下来的教学过程，以此促进个人教学成效的不断提高，进而提高自己的教学质量，推动教师的教学能力和水平不断得到提升。

（二）具体实践

高校教师如何才能够很好地对反思性教学进行实践，并使自己成为一名合格的反思型教师？其主要可以从四个方面进行。

1. 实践反思

实践反思的主要方法是行动研究。教师行动研究是教师对自身当下思维与行为的监控与调节、协调与互动。行动研究是一个循环往复的探询新问题，解决新问题的过程：发现问题—形成假设—行动研究—发现新问题，如此反复进行教学探索与提高。行动研究能够帮助教师在调节自身思维活动与行为活动的同时发现教育教学实践过程中的问题，并通过教学实践使问题得到顺利解决，使教师由纯粹的教育教学的实践者提升为教学理论的创造者与实践者。

2. 叙事反思

叙事反思是教师通过内隐或外显的方式将所经历的教育事件与相关感受呈现出来，为他们今后的思考提供素材，教师可以采用想象叙事或内隐叙事的方法，将自己头脑中的各种表象通过思维加工而构成各具意义的情节事件；也可以采用口头叙事的方式将自己内心的东西表达出来；还可以采用书面叙事将自己所见、所闻、所经历的事件写出来。

3. 合作反思

合作反思是外语教师反思性教学和专业化发展的重要途径，包括参与式观察和合作教学等方法。参与式观察以教师相互听课为主要形式来观察和分析同事的教学活动。合作教学指两名以上的教师同时教一个班的学生。英语教学中的合作教学可以促进教师对教学进行反思，有利于加强教学合作、培养教师的专业素质，也有利于培养教师的团队精神。

4. 资源反思

资源反思主要包括观看教学录像带和利用教师档案袋等方法。观看自己的教学录像可以使教师站在客观的角度考查自己的教学实践，它不仅能反映自己教学的优点和不足，也能把很多自己并未注意到的教学细节呈现出来。教师档案袋是对所有关于学生学习和教师教学过程的记录，同时还有教师本人对一些事件的评论和解释。它为教师的反思提供了最直接的情境，可以帮助教师反思自己的教学过程。

二、开发教材

教材是教师进行教学的根据，也是教师进行学术讨论和促进自身发展的基础。同时教材也是教学的主要载体，作为教学内容的重要载体，教材的制定与编写通常要以教学大纲和教学计划为依据；教师对教材的认识水平、掌握情况等实际上对于教师使用教材的程度和水平起着决定性的作用。与此同时，高校英语教师对于教材的研究、思考等也是教师提升自身专业素质的重要内容。从教学维度来看，教师对于教材的使用通常包括三个方面的内容：一是高校英语教师对于高校英语教学目标和内容的理解和选择；二是教师对教学过程中教学环节、教学方法的设计与安排；三是教师对教材的课后练习做出的反馈以及教师对教材使用效果的预测。事实上，这三个方面也暗示了高校英语教师在使用教材时所要经历的三个过程。

首先，教师在实施教学之前先对教材进行理解与判断，从教材中获取有意义的教学目标和教学内容。

其次，教师需要根据教材中的内容进行教学，伴随着教学实践的还有教学方法的选择和教学活动的安排。

最后，教师需要对自己的教学效果进行检测，总结教学经验。

因此，教材对于教师的意义和作用实际上就体现在以上三个方面。

（一）探究教材

高校英语教师在拿到教材之后需要对教材进行探究，做出整体把握。英语是一门语言类的学科，那么英语教材中通常隐含着教材编写者对英语语言学习规律的基本观点与看法。一般情况下，英语学习过程中有两种常用的语言习得方法。首先，教材直接对语言现象进行呈现，讲解英语的语言规则，同时对英语的语言运用进行解释，最后学习者需要经过大量的练习对知识点进行巩固与复习；其次，英语教材在编订过程中插入了很多语言实践活动，让学生在学习教材时进行大量的英语口语练习，促进学生在使用英语的过程中习得英语。

教师对教材进行深入的探究与分析，有助于教师对隐含在教材中的语言习得规律进行把握，从而揣摩教材编订者的意图。在这一基础上，教师将自己在教材中探求到的规律应用到教学中去，帮助学生建立目标语境，设置教学情境，充分发挥教师在教学过程中的组织与指导作用，同时积极鼓励学生进行语言实践活动，最终帮助学生习得英语。

（二）开发和编写教材

程晓棠曾经说过，从目前的教材编订情况来看，我国的英语教师实际上只有很少一部分对英语教材的编写起到了作用，之所以会出现这种情况，主要有以下四个方面的原因：

首先，我国有相当一部分英语教师都认为教材的编写和他们没有关系，他们只负责教学，至于教材的编写则是由我国的教育主管部门和教材出版部门负责的。

其次，有一些教育管理部门未能充分调动教师参与教材编写的积极性，有的时候甚至不允许教师参与教材的编写与出版。

再次，我国有很多高校英语教师不具备教材编写能力，也没有教材编写这一方面的资源。

最后，即使有些教师编写了教材，也不一定能够出版或得到使用。

事实上，教师是教材的使用者，教师也是对学生最为了解的主体，因此教师参与教材的编写实际上有着很大的优势。

如果我国高校英语教师要参与教材的编写，就必须注意以下五个方面：第一，要熟知那些关于高校英语的先进语言理论、学习理论和教学理论；第二，教师要熟知对教材编写进行指导的课程要求是什么；第三，高校英语教材如何使听、说、读、写四项技能训练内容得到平衡分布；第四，如果这一高校英语教材被教师使用了，那么教师如何使用该教材对学生进行形成性评价和终结性评价；第五，编写出来的教材如何才能够满足学生的个体差异性发展。除了这五个方面还有其他需要注意的因素，因此，教材的编写实际上是一件非常复杂的事情。

三、职业培训

职业培训对教师的发展与进步来说至关重要，职业培训能够在很大程度上满足教师对于教学能力提升的需要。职业培训通常以教师的需求为中心，其是提升教师教学技能和专业知识技能的有效途径。

高校英语教师参与的职业培训内容通常是较为全面的，包括学术培训、职业情感培训、专业技能培训等多个方面。知识在更新换代的同时也需要教师不断地对新技能进行学习，而教师参加的职业培训通常由一般技能和专业技能培训两个部分组成，因此我国职业培训的内容和形式也在随着知识的不断更新而得到发展与完善。教师参与职业培训不仅为了加深对学科知识的了解与应用，同时还需要学习如何对学习者的言行进行分析，从而探索他们的学习心理。除此之外，教师还需要通过培训了解当前的最新学科资料与教学方式。和传统的教师职业培训不同，"互联网＋"时代背景下的高校教师职业培训以培养教师的职业使命感为主要内容。檀传宝曾经说过，教师的职业使命感和教师所具备的专业技能同等重要，而教师的职业道德和职业品质通常更能够体现一位教师的综合素质。

现在的教师职业培训通常分为入职培训和在职培训，使教师职业培训贯穿于教师职业生涯的整个过程。通过职业培训，增强教师的责任感和使命感，推动教师工作能力的提升，从而使教师的素质得到全面提升。

四、科研小组

科研小组在高校中还是比较常见的，其通常是由同一所学校中同一个年级的英语教师组成并适时地开展教学研究的一种形式。科研小组开展讨论会的时间通常是固定的，讨论的内容是最近教学中遇到的问题或就某一好的教学方法进行讨论，这一讨论话题被称为会议"议点"。"议点"可以是共性的，也可以是个性的。如果"议点"是某一问题的话，就需要在座的小组内教师进行深入的讨论，共同制订解决方案，想出解决办法。在科研研讨会上也可以为某一种教学策略进行演练，对这一策略运用的现实性进行分析讨论，演练之后大家一起讨论，再提出意见，以达到更好、更完善的目的。

作为一名高校英语教师，就应该主动将教学与科研结合在一起，不断提升自身的教学水平和科研水平。同时，在教学过程中应该善于培养学生的创新意识，寻找出一种适合学生使用的高效的学习方法，同时教师也可以将自己取得的科研成果应用到教学实践中去，使学生取得更好的学习效果。

五、终身学习

当前是"互联网+"的信息时代，知识的更新速度更是前所未有的，因此作为一名高校英语教师必须要树立终身学习的理念，不断促进自身理论知识水平的提高，教师自身专业知识的储备是教师进行教学的基础和前提条件，近年来，我国有很多高校都公派教师出国进修，高校英语教师参与国际性的培训或出席一些国外的学术会议已经越来越普遍，高校英语教师出国的机会也越来越多。教育部也积极开展各种形式的学术讨论，以此增强我国高校英语教师对教育教学改革的认识。

随着我国高考人数的不断增多，高校也在不断地扩招，因此高校英语教师逐渐变得短缺，教与学的矛盾日益凸显。高校英语教师师资力量不足，且新课改的实施又对高校的教育教学提出了更高的要求，高校英语教师的教学任务比较繁重，这也使高校英语教学的效果受到了不良的影响。因此，这一现状提醒了我国高校英语教师，他们需要在教学的过程中不断地学习，积极参与各种学术交流活动与科研活动，不断提升自身的教学能力和科研水平，提高高校英语教学水平。

与此同时，我国高校的教育教学发生了较大的变革，且信息技术的发展与进步也增大了教师教学的难度，各种现象都促使教师提升自身能力。在这种形势下，我国高校教师必须树立终身教育的学习理念，不断对自己提出更高的要求，推动自身角色的转变、素质和能力的提升，成为一名合格的、高质量的高校英语教师。

第三节　师资优化存在的问题与要求

随着经济的发展与社会的进步，学校办学水平日益提升，英语信息化教学资源不断充实，在素质教育理念的指引下，高校英语课程体系的构建逐渐增强，英语师资优化也获得新进展。但高校英语师资建设仍然存在一些问题，如英语教师的角色融合问题，英语师资在学历结构、职称结构、年龄结构等方面的问题，城市学校英语师资失衡问题，科学把握高校英语师资优化中存在的问题，是加强和改善英语师资优化的必要前提。

一、师资优化过程中存在的问题

（一）英语教师的角色融合

在现代社会中，英语教师不仅承担着传授英语知识与技能的重要任务，也担负着提高学生英语交际能力的任务。英语教师的专业发展，必然要以自身对英语教师这一职业的热爱为基本前提。如果英语教师未能深刻认识自己所扮演的角色，甚至并不认同这种角色，就难以成为一名优秀的英语教师，其专业化发展也会受到限制。

在高校英语教学工作中，英语教师为个人的角色融合而努力，对于其角色功能的发挥意义重大。英语教师的工作满意度是其角色融合情况的重要体现，反映了英语教师对个人职业的态度，它是英语教师对英语教学工作的情感判断。调查发现，多数英语教师对个人职业较为满意，但不同年龄、教龄、职称的英语教师在工作满意度方面存在显著差异。

从年龄上来看，26~40岁和41~45岁年龄段的英语教师对工作的满意程度存在明显差异，其中，31~35岁英语教师之间的差异最为显著，41~45岁英语教师对英语教学工作的满意程度最高。造成这一现象的原因在于，31~35岁年龄段的英语教师仍处于选择性阶段和不确定状态，在英语教学过程中面临着自我成就水平与现实危机冲突的问题，其职业认同感有所弱化，英语教学中的倦怠感开始形成；而处于41~45岁年龄段的英语教师在个人职业发展上呈现出相对稳定的状态，其待遇、成就感以及社会地位等诸多方面的需求基本能够得到满足，因此与其他年龄段英语教师相比，这一年龄段的英语教师对英语教学工作的满意程度较高。

从教龄上来看，有7~9年教龄的英语教师对英语教学工作的满意程度同教龄为1~3年、10年以上的英语教师之间有着明显差异。有7~9年教龄的英语教师对英语教学工作的满意程度相对较低，这与英语教师的工作环境存在密切联系。与其他英语教师相比，教龄为7~9年的英语教师更易于形成职业倦怠感，他们也会面临更多压力，如继续教育的机会、职称晋升等，因而中年英语教师在对英语教学工作的满意程度方面出现了下滑现象，这种现象极易对英语教师的角色融合产生不利因素，从而影响英语教学效果。

（二）高校英语师资的结构问题

首先，高校英语教学师资队伍的学历结构。在高校英语教学师资队伍中，具备硕士、博士学历的英语教师相对较少，这导致高校英语教学中存在着本科生教本科生、专科生教专科生的现象。尽管高校拥有大量具备高级职称的英语教师，但大多是兼职教师或退休人员，这也在一定程度上影响着高校英语教学的效果。

其次，高校英语教学师资的年龄结构，年龄是一个人知识素养和能力素养高低的重要标志，教师年龄在一定程度上体现了师资队伍在教学活动和创造力发挥等方面的水平，是高校师资队伍的必然组成部分。现阶段，我国高校英语教学师资在年龄结构上存在着不合理的现象。我国高校英语教学师资的年龄结构，有 50% 以上的是 40 岁以下年龄段的英语教师。可见，高校英语教师队伍以中青年教师为主，中青年英语教师拥有新的知识结构，具备较强的英语技能，更易于同大学生建立和谐、密切的师生关系，但由于他们教龄较低，其英语教学经验和教学能力与 40 岁以上年龄段的英语教师相比处于劣势。对此，高校在英语师资优化中，既要吸纳青年英语教师，增强英语教师队伍的活力，同时也需要吸纳拥有高教龄且经验丰富的英语老师，以促进高校英语教师队伍整体素质的提高。

最后，高校英语教学师资的学缘结构，学缘结构是指教师的最终学历及其知识种类。学缘结构具有广泛性和单一性，学缘结构的广泛性有助于英语教师采取多样的英语教学方式，树立先进的英语教学理念，进而推动英语教学的发展。学缘结构单一则不利于形成多种不同的英语教学风格与教学方式，并且容易陷入英语教学误区，如过于关注语法训练对于提高学生英语能力的作用。对我国高校英语教师而言，他们的数量配备相对较少，导致师生比例失衡。因为英语教师承担着大量的教学任务，他们忙于日常教学工作而缺乏参与进修和培训的时间和精力，这也在某种程度上约束了英语教师学缘结构的优化，进而阻碍了英语教师理论素养和专业技能的提升。

二、师资优化提出的要求

随着社会经济和信息技术的发展，以及教育理念的更新和教育方式的改变，教师在自身素质和能力提升方面面临挑战。对高校英语教育而言，英语教师具备怎样的素质与能力，才能满足素质教育的要求，才能与社会发展需求相契合，成为高校英语师资建设的关键问题。要科学、有效地促进学生体质健康，英语教师必须树立"健康第一"的观念，注重增强英语课程的吸引力，积极建立新型师生关系，激发学生参与英语锻炼的热情。

（一）注重自身能力的提高

1. 提高自身的教学水平和教学能力

随着社会经济与信息技术的飞速发展，学生参与英语学习的方式日益多样化，他们可以通过多种渠道获取英语知识，但学校英语教学对于学生的作用是不容忽视的。换言之，人们在学生阶段的英语知识的获取和英语运用技能的掌握依然有赖于学校英语教育，始终与英语教师的教学水平联系密切。因此，英语教师作为学生英语能力的重要推动力量，需要不断提高其自身的英语教学水平和教学能力。具体来讲，英语教师的教学能力具体体现在以下三个方面：

第一，英语教师应具备有效运用英语教材和教法的能力。对英语教师而言，运用现有英语教材、设备且结合学生的具体情况科学选择英语教材与教法，对于提高英语教学质量、增强学生英语学习效果发挥着巨大作用。

第二，英语教师必须具备准确示范和精练讲解的能力。英语课程具有显著的实践性特点。在英语课程中，学生对于英语知识的学习和掌握，必然依赖于英语教师的讲解，因此教师的讲解应当是易于学生了解和掌握的。英语教师语言示范的好坏能够影响到学生参与英语学习的兴趣，进而影响学生的英语学习效果。因此，英语教师必须具备较强的英语口语能力和交际示范能力，增强英语课程对广大学生的吸引力，最终达到提高学生英语能力的目的。

第三，英语教师应具备良好的教学组织管理能力。社会的发展源自成功的管理，英语教学的有效进行同样离不开良好的组织管理。因此，英语教师应加强对英语课堂教学的管理，对课堂教学时间进行合理安排，对课堂教学顺序进行科学设计，积极组织学生进行口语练习，以良好的组织管理确保英语课堂的高效运行。

2. 提高自身的知识更新能力

英语教师的知识储备和理论水平能够对英语教育事业的发展产生直接影响，且他们在英语教学过程中对我国高校英语教育现状有着更加深刻的理解，对我国高校英语教学的改革有着更为直接的认识。所以，英语教师更应该为我国英语教育的发展与进步共享个人力量。英语实践是产生英语理论的源泉，同时英语实践也离不开科学理论的指导。在"互联网＋"时代，学生获取英语信息和英语知识的渠道日益多样化，他们对英语学科的认识也更加清晰、科学。基于学生所具备的自主获取英语知识的能力，英语教师更要关注自身知识更新能力的提升，开阔视野、更新理念，要立足于英语教育领域的学术前沿，及时获取新知识，在此基础上不断提升自身的学术能力。在日益开放、自由的知识环境中，英语教师要时刻保持危机意识，充分适应学生语言能力不断提高的要求。

3. 提高自身的教育科研能力

"科教兴国"是我国社会主义现代化建设的重要发展战略，而如果缺少科学理论的指导，教育事业将难以获得发展；如果没有教育科研的支撑，教学实践也将止步不前。对广大英语教师而言，他们既要科学推进高校英语教学工作，也要密切关注世界范围内的英语理论，及时掌握国内外的英语前沿信息，在分析、整理的基础上对这些信息加以利用，从而为英语教学实践提供理论指导。同时，英语教师也应不断提高自身的理论创新能力，借鉴他人研究成果，结合自身英语教学实践，形成新的英语教育理论。由此可见，英语教师既要善于从繁杂的知识中获取有益信息，提炼具备研究价值的重大问题，也要善于探寻英语教育真理，勇于突破陈旧的英语教学模式，确立英语教育的新理念，以此为英语教学实践提供科学指导。

（二）主动适应英语教师的多重角色

1. 英语教师是学生的指导者和促进者

在英语教学过程中，英语教师应坚持以提升学生语言能力为核心，充分关注不同学生个体的需要，引导学生形成终身语言学习的自觉意识。在英语教学实践中，教材所涵盖的知识不再是英语教师向学生传授的唯一内容，媒介也不仅仅是英语教师传递知识的手段，应成为学生主动学习和协作学习的辅助性工具。基于这一现实，英语教师要积极适应学生英语能力提高的基本要求，成为学生英语学习的指导者和促进者。在高校英语课程和课外英语活动开展的过程中，英语教师需要善于利用情境、协作、会话等学习要素增强学生参与英语学习的自觉性和积极性。

2. 英语教师是教学活动的设计者和组织者

高校英语教学是以提高学生英语实践能力为基本目标，而各个学段的学生在知识需求上具有差异性，同学段内不同学生的知识需求也并不完全一致，这种个性化知识需求是由学生自身的学习观和社会的人才需求类型所决定的。在英语教学实践中，英语教师应引导学生树立正确的英语学习观，掌握科学的信息化学习方法，以保证他们在踏入社会之后能够熟练使用英语，基于现代教育理论的逻辑，知识并非适用于所有情境，也不是固定不变的，而是始终处于发展变化中的，且在不同情境中，知识是需要重构的。此外，学生在参与英语教学活动之前，已在生活、学习与交往中形成了对知识的理解和看法。可见，无论是学生还是英语知识，都是英语教学活动的关键因素。因此，为了让学生英语能力得到显著的提高，须合理安排与实施教学活动，促使学生的原有英语经验与新获取的经验相互作用，以发掘其学习潜能，真正发挥英语教师在提高学生英语能力方面的作用。

3. 英语教师是课程资源的开发者和利用者

英语课程内容资源的开发与利用是英语课程实施的必要条件，也是实现学生英语能力提高的基本依托。高校英语课程是以学生英语能力提升为目标，以英语学习为主要方式，从而促使学生掌握相应的英语知识和英语技能。在传统的英语教学实践中，多以传统教材来组织学生参与英语学习，难以适应学生自身的学习需求，也难以有效发挥英语课程对于学生英语能力提高的作用。因此，要大力推进高校英语课程内容体系的优化与重塑，组织实施有助于学生英语能力提高的学习活动。对英语教师而言，既要有效利用课程教材资源，也要充分利用互联网资源来探索新的课程内容，成为英语课程内容资源的开发者和利用者。总之，要将高校英语课程延伸至校外，达到与社会的衔接，实现校内英语课程资源与校外英语课程资源的有机结合。

4. 英语教师是英语教育的研究者

学生自主性、能动性和创造性的发挥对于英语教学的有效进行十分重要。自主性是学生对于个人活动具有自由支配与控制的能力；能动性是学生积极主动地认识并改造客体；创造性表现为学生自主探索新内容和新方式。要实现学生自主性、能动性和创造性的发挥，英语教师就要积极转变以往过于重视接受学习与机械训练的教学活动，高度关注学生的体验与探索，引导他们以自主学习、协作学习、探究式学习等学习方式参与英语教学活动。这一转变必然要以英语教师的英语教育科研为支撑，通过一定的英语教育科研活动，探索解决英语教学过程中各种实际问题的方法和途径。基于学生个性的差异性和英语教学环境的变化等因素，英语教师不应仅仅按照教学大纲的要求进行英语知识与英语技能的传授，还应具备自主开发意识和能力，以及英语教育研究的基本能力，寻求更加新颖、丰富的英语教学内容，探索更加科学、有效的英语课程组织实施形式，强化英语教师在提高学生英语能力方面的指导作用和服务价值。

第四节　师资优化应对的策略

一、推动高校英语教师的观念转变

英语教师对英语教育的认识和态度，能够对其英语教学实践产生深刻影响。英语教师个人因素既是影响英语教学实践的内部因素，也是关键因素，这是由于英语教师是英语教学的主要参与者，学生英语能力的提高在很大程度上依赖于英语教师的教学活动。所以，在英语教学师资建设过程中，首先要推动英语教师的观念转变，促进其形成科学的英语教育价值观，并在"互联网+"思维的引导下完善自身知识结构，形成新的教学观，为高校英语教学提供有益指导。

第一，要加快高校英语教师教学观的转变。教学观是人们依据自身的价值理性，对教学活动进行价值辨识、判断与选择的倾向与观念。换言之，英语教学观就是英语教师对英语教育功能的认识。随着社会的进步，教学观逐渐发生了转变，如从关注工具理性的"学会生存"向关注人文理性的"学会关心"转变。从发展的角度来看，高校英语教学并不只是让学生掌握英语知识和英语技能，更重要的是关注学生的未来发展，关注社会的实际需要。因此，英语教师要建立促进学生英语能力的提高和适应社会发展需求的英语教学观，并以此指导其英语教学实践活动。

第二，英语教师要在"互联网 +"思维的引导下，不断汲取新思想，获取新知识，促进自身知识结构的完善与优化，以建立新的英语教学观。为保障英语教学质量和效果，英语教师必须具备自我能力提高的意识，因此首先要建立新的英语教学观，以此指导个人行为活动。只有这样英语教师才能充分认识到自身理应具备的多重角色，依托新的英语教育观念不断完善和充实自己的专业知识，努力提高英语教学能力，最大限度地发挥英语教学在促进学生英语能力提高方面的作用。

二、改善师资队伍结构，提升教学水平和能力

在高校英语教学师资优化中，第一，要通过政策规范对英语教师的学历和学缘结构做出明确要求，以最大限度地优化英语教师队伍的结构。第二，在引进英语教师时，既要考查其专业理论水平，也要重视专业技术的考查。第三，大力培养英语教学和英语研究方面的骨干力量，并且充分发挥这些骨干教师的带头和示范作用，引导年轻英语教师快速提高自身教学能力与科研能力。第四，根据英语教师队伍的年龄结构，发掘和培养高水平拔尖人才，让 30 岁左右在英语教学和科研方面做出突出贡献的青年英语教师起到示范作用，高校在评定高级职称时，可为青年教师专门划出名额，甚至予以破格评审。对于高校英语教学师资建设而言，可让本校在读学生承担一定的助教任务，以解决英语助教不足的问题，确保英语教学工作的开展。

除此之外，在高校英语教师队伍建设中，一方面，要大力促进英语教师教学方式的创新和教学水平的提高。英语教师应在先进教学思想的指导下，对自身英语教学经验进行总结，对优秀英语教师的有益经验予以借鉴，在此基础上探索科学的英语教学方法，提高英语教学的组织管理能力。对于学生英语理论知识的传授和信息化英语技能的培养，仅仅依靠单一的教学方法是不够的，而要依托多种教学方法的有机结合。不同的英语教学方法有其独特的特点和不同的应用范围，英语教师根据英语教学内容和学生实际选取合适的教学方法，能够对英语教学质量和教学效果产生重要影响。另一方面，要关注英语教师创新意识与创新思维的培养，不断提高其在英语教学实践中的创新能力。在英语教学过程中，英语教师要始终以素质教育思想为指引，积

极进行英语教学模式的创新，更新和充实英语教学内容，推进英语教学方式的多样化发展，实现其教学水平的提升，进而达到调动学生英语学习积极性与促进学生英语能力提高的目的。

三、改善教学条件，提高教师待遇

英语教育事业的发展进步离不开必要的资金支持。高校在英语课程建设和英语师资建设中，提高资金方面的支持，改善教学条件，提高教师的薪资待遇问题，激发英语教师投身于英语教育事业的热情，从而有力促进英语教育事业的科学发展。

第一，政府部门与高校应加大英语教育方面的资金支持力度，完善高校英语设施，为英语教师开展英语教学活动提供良好条件。英语教学质量和科研情况在很大程度上依赖于相应的资金支持，经费不足极易导致英语教学和科研质量下降，高校应设立英语科研专项经费，以保障英语教师科研工作的顺利推进，并制定合理的奖励制度，对获得优秀科研成果的英语教师予以奖励。

第二，要注重解决英语教师的待遇问题，创建具有稳定性的英语师资队伍。首先，受不同地区经济发展水平的限制，经济欠发达地区的高校英语教师工作环境相对较差，他们更愿意到发达地区的高校从事英语教学工作，因此必须保证欠发达地区英语教师的福利待遇，在条件允许的情况下适当提高其待遇水平，以留住和吸引英语教师，确保英语教师队伍的整体素质。其次，要严格按照相关规定计算英语教师的工作量，对于英语教师的评优、职称晋级、进修学习等事宜要保证英语教师享受同其他学科教师同等的待遇，对于在英语教学方面表现突出的英语教师，要适当给予奖励。最后，各级主管部门要关心英语教师的生活，注重经济欠发达地区英语教师教学条件的改进，以调动英语教师从事教学工作的积极性，并吸纳更多的英语人才到经济欠发达地区的英语教学师资队伍中，为经济欠发达地区的英语教育事业发展提供人才保障。

四、加强英语教师的培训与评估

第一，要建立完善的英语教师能力考核制度，定期对英语教师的教学方法、组织管理、信息技术应用以及示范能力进行考核，并对评价结果进行量化，以促使英语教师不断改进教学方法、优化教学内容，进而促进英语教学效果。同时，还要强化英语教学督导与评估，注重学生在教学评估过程中的参与，可在各学期结束时开展评教工作，进而充分了解学生对英语教师的满意程度以及对英语教师提出的建议，以此促进英语教师教学工作的改进。

第二，要积极开展英语教师职后培训工作。在"互联网 +"时代背景下，英语教师面临着教学理念落后、教学方法陈旧等各种问题，因而必须通过进修学习或培训活动来促进其知识的更新和能力的提升。为推动英语教师的职业发展，英语教师要不断学习，以提升自身的英语教学水平和科研能力，从而更好地适应学生发展和社会发展对英语教师提出的更高要求。为保证英语教师职后培训活动的参与，要依托相关政策鼓励英语教师积极进行自我深造，通过有计划、有针对性地开展英语教师职后培训工作提升英语师资队伍质量。同时，也要拓宽英语教师职后培训的渠道，为英语教师提供多样化的培训方式，并且开展多层次的培训工作，提高英语教师的专业素养，增强英语教学效果。在培训经费方面，相关部门要对英语教师职后培训工作提供经费支持，保证英语教师在参与培训期间的福利待遇。另外，还要对英语教师的职后培训进行科学管理，保障培训工作的有序开展。

五、提升英语教师的科研能力

对英语教师而言，既要具备较高的英语教学水平，同时也要具备一定的科研能力。科研工作是提高英语教师职业素养和教学能力的重要方式之一。英语教师既要做好本职工作，积极进行知识更新，探索更加科学的教学方法；也要积极参与科研工作，以科研成果为英语教学实践活动提供指导。此外，还要最大限度地创造校内、校际科研交流的机会，抑或邀请英语领域的专家为英语教师的科研工作提供指导，开拓英语教师的研究思路。科研能力的提升有助于英语教师以新观点和新方法推动英语教学工作的开展，充分发挥教学实践活动对于提高学生英语能力的功能。

六、完善教学工作的规章制度

英语教师教学能力的提升既依赖于英语教师自身所具备的内驱力，同时也需要一整套完善的规章制度进行约束。第一，要建立学校领导听课制度。学校领导听课的形式有多种，如随机听课、对某一英语教师持续听课，领导听课能够促使英语教师完善课堂教学，提高英语教学质量。第二，要制定英语教师进修学习制度。高校应从英语教师队伍中选拔在教学和科研方面表现突出的优秀教师，为其提供进修学习的机会，可选送优秀的英语教师参加骨干教师培训活动，也可让英语教师到国外研修。第三，要建立公平的竞争激励机制。对于英语教师的招聘、考评、奖惩等，要坚持公开、公平、公正的原则，鼓励英语教师之间的竞争，特别是要鼓励在教学和科研方面有突出贡献的年轻英语教师，营造积极向上、奋勇争先的竞争环境，从而提高英语教师教学和科研的积极性和能动性。第四，要建立青年教师导师制。对于新入职的英语教师，要为其安排具有丰富经验的英语教师负责指导，使他们迅速融入英语教学实践中；对于工作满一年的英语教师，要通过汇报课对其进行考核；对于工作两年的英语教师，可进行合格课考核，由此提升青年英语教师的教学水平。第五，要全面落实英语教师考核制度。

第六章 "互联网+"时代高校英语教学的环境优化

第一节 营造良好的英语教学环境

一、高校英语教学环境的作用

（一）提高学生的学习积极性

在"互联网+"时代，学生参与各种形式的英语学习活动，既有助于提高个人英语能力，也能使他们在学习过程中获得情感体验，释放压力。高校英语教学环境优化的基本目的就是引导学生形成英语学习兴趣，培养德、智、体全面发展的人才。置身于良好的英语教学环境中，既有进行英语学习的客观条件，也存在着浓郁的英语氛围，广大学生参与英语学习的意识能够得到增强，学生通过参加英语社团、各种形式的英语竞赛或交流，有助于深化他们对英语的认识，激发其参与英语学习的积极性。

（二）促进学生建立科学的学习习惯

高校英语教学环境是学生英语思维形成的重要影响因素。在教学环境中，英语氛围有助于提升学生的英语文化素养，帮助他们建立正确的英语学习观，形成英语学习的习惯。浓郁的英语学习氛围对学生的身心具有熏陶作用，对学生英语学习习惯的养成具有促进作用。

（三）促进学生形成终身语言学习思想

对广大学生而言，尽管他们深知英语学习的重要性，也具备一定的英语知识，但有些学生总在课余时间沉迷网络，参与英语学习的时间极为缺乏。在大学生群体中，"宅"在家中玩手机、打游戏的情况极为普遍，这说明他们并没有形成自觉进行英语学习的意识，也没有养成长期坚持英语学习的好习惯。高校英语教学环境是校园范围内的英语学习形态，具有持续且深刻的教育价值和感染作用，能对广大学生产生潜移默化的影响。

二、高校英语教学环境的建设

（一）英语教学环境的构建

英语教学环境的构建个体行为的产生有赖于一定的物质条件和兴趣爱好。物质基础和兴趣爱好能增加人们对事物的亲和力，这种亲和力是个体产生某种行为的内驱力，高校英语教学环境是校园环境建设的一个重要方面，其中信息化设施建设最具直观性，高校英语教学环境优化的效果可以通过学生对高校英语教学的满意程度来衡量。基于英语所具有的实践性特征，英语教学的传递和接收都依赖于相应的载体，英语教学信息化设施的质量和数量，都会对高校英语教学环境产生广泛影响。在高校英语教学环境优化过程中，信息化设施的完善程度与高校英语教学工作的开展有着直接联系，完善的英语教学信息化设施能有力地促进高校英语教学工作的顺利开展。

（二）英语文化资源的开发与利用

在高校英语教学中，应将英语文化资源融入高校英语教学之中，精心打造具有鲜明文化特色的英语课程。特色英语课程建设必须以高校英语文化资源为基础，以英语教材为基本依据，充分开发高校英语文化资源，推进英语课程体系构建。高校英语教学环境的构建，需要结合高校的实际情况以及当地的地方特色，在资源整合的基础上构建高校英语课程体系，以有效发挥特色英语文化资源的育人价值。所以，要重视英语文化资源开发，为高校英语教学环境优化提供支持，同时要科学制定高校英语教学环境优化的方法和策略，探索多元化的英语教学环境评估方式，以优化英语文化资源，提升高校英语教学环境优化质量，通过对英语文化资源的利用实现高校英语教学环境的育人价值。

（三）促进多主体共同参与

英语教师是高校英语教学的核心力量，高校英语教学环境的优化必然离不开英语教师的参与。学校领导和英语教师的重视和参与，是打造良好英语教学环境的人力保障。可以通过开展内容丰富多样的英语活动来营造良好的英语教学环境，如开展教职工英语比赛，广大学生充当裁判，为教职工加油助威；开展学校领导、教师和学生共同参加的英语活动，为各主体提供交流和互动的机会，增进师生间的情感交流，以形成平等、民主的新型师生关系。教职工积极参与英语教学活动，有助于使学生形成对教师的良好印象，而且教职工参与英语活动的积极行为，能对广大学生产生引导作用，调动学生参与英语活动的积极性，从而营造和谐的、全员参与的英语学习氛围。

（四）利用课余活动补充英语教学

在学校领导和教师的引导下，课外英语活动得以有序开展，进而使学生通过参加英语活动加深对英语的认识，其英语知识也得到巩固。在英语教学过程中，英语教师要注重培养学生的学习能力和自我锻炼能力，可在课堂教学中组织小型情境交际，深化学生的认识，促进知识学习和实践锻炼的有机结合，以此提高学生的英语能力。组织学生参加英语比赛，有助于提高学生主动参与英语学习的兴趣，提高学生的英语文化素养，使学生通过比赛感受成功和失败的心理过程，体味比赛中所蕴含的英语文化。需要强调的是，在课余英语活动开展过程中，要关注学生的个性，注重学生的个性发展和能力培养，营造和谐、向上的英语学习氛围，以形成引导学生学习英语的教学环境。

第二节　完善英语教学信息化建设

英语教学是学生参与英语学习、提高英语能力的主要途径，信息化建设是英语教学正常开展的物质基础，它能促进英语教学质量的提升。随着教育事业的发展与进步，特别是素质教育理念的提出，高校英语教学日益受到关注，国家为高校英语教学设施、师资建设等提供了巨大支持，使高校英语教学工作的开展获得了良好的条件。但高校英语教学信息化建设仍然存在多种问题，因此仍要持续完善信息化设施，为学生英语学习提供更为有利的条件。

一、制约信息化建设的因素

（一）经费缺乏

经费缺乏通常是由两方面因素造成的，一是学校财力有限，各个学校所获得的财政拨款是有限的，而且学校在资金分配上也存在失衡问题，即在课程建设上投入较多资金，而用于信息化建设的资金较少；二是学校资金来源渠道单一，多数学校仅能依靠财政拨款获得资金，部分学校则具备融资的条件，使其资金得到补充，但这种融资方式所获取的资金也是有限的。

（二）学校重视程度低

尽管素质教育正在深入推进，信息化教育在高等教育中的地位有所提升，但学生的文化课成绩依然是衡量学生素质高低的关键因素，因而高度重视文化课教学、忽视信息化教育的观念依然广泛存在，由于对信息化教育缺乏深刻的认识，学校领导往往更加关注文化课程建设，致力于提高学生成绩，而未能对信息化教育给予充分关注，信息化设施建设也难以得到重视，进而影响英语教学的有效推进。

二、推进信息化建设的具体策略

(一) 拓展资金筹集渠道

信息化建设必然依赖于资金支持，因此学校应保证资金合理分配，加大经费投入，拓展资金筹集渠道，为信息化建设提供资金支持。信息化教育是素质教育必不可少的一项内容，信息化教育能对学生语言能力产生直接影响。为推进信息化建设，需要拓展资金筹集渠道，具体措施如下：

第一，国家应高度重视对信息化建设的投资，适当加大政府财政投入。第二，利用地方企业、个人力量等筹集信息化建设资金。部分企业与个人具有较高的经济实力，他们有意向回报社会，高校可向其争取投资，并将资金用于信息化建设。第三，可通过市场化运作方式，在社会力量的支持下共同进行信息化建设。第四，地方政府部门在统筹规划年度教育经费时，应划出一定数额的资金，将其用于教学信息化建设，做到专款专用，以切实推进教学信息化建设，满足高校英语教学对信息化的需求。

(二) 将信息化建设纳入整体发展规划

高校应将信息化建设工作纳入学校整体建设的发展规划中，科学运用计算机、大数据、多媒体、人工智能，满足英语教学的要求。同时也要根据高校自身发展实际，创造有利条件，逐步推进高校信息化建设。对于处于经济落后地区的农村学校，可通过多种途径分批次地配备设施，从而为高校英语教学的进行提供基本条件。不同地区的学校可对现有信息化设施加以改造，促进信息化设施价值的最大化。

(三) 尽可能满足学生英语学习需求

在"互联网+"时代，高校英语教学效果很大程度上取决于信息化的完善程度和利用程度。因此，对高校而言，要加强信息化建设，为学生的英语学习提供有利条件，保证设施得到充分利用，以更好地满足学生英语学习的需要。随着学生英语学习意识的增强和教育信息化战略的推进，学习英语的学生日益增多，而且学生对信息化也有了更高要求。因此，应根据高校实际和学生需求为学生的英语学习提供多种信息化设施，为学生英语学习提供支持。

（四）管理制度和维修制度的完善

为保障信息化设施的合理利用和使用效果，要加强对信息化设施的管理和维护，既要投入一定的维修资金，又要建立完善的信息化设施安全管理制度，定期对设施进行安全检修，以消除安全隐患，促进管理工作的规范化。此外，管理人员也应经常检查设施，做好设施的养护工作，及时更新数据库与软、硬件，为师生提供安全、高效的英语教学设施。在对设施实施规范化管理的同时，也要通过宣传教育增强广大师生爱护设施的自觉意识，提高师生使用设施过程中的安全意识，从而延长设施的使用寿命，推动英语教学的顺利进行。

第三节　构建信息化教学平台

一、建立英语教学网络信息平台

目前，信息化基础建设和应用已出现在高校英语教学领域。利用校园网建立英语信息资源库，为英语教师和学生获取信息提供便利。英语教师可依托互联网进行英语教学、信息管理。在新媒体环境下，信息技术在英语教师教学活动中的重要性日益凸显，它已发展成为英语教师开展教学活动的辅助性工具，有助于促进英语教学效果的增强。

此外，英语教师可根据自身需求，建立个人的网络信息平台，将英语相关知识制作成多媒体课件，将英语运动方法制作成动画，并将其上传至个人微博、公众号、抖音、快手等平台，以供学生参阅。

在高校英语教学中，可建立英语教研组网站，如"教师之家"。其中，可设置"教学课件""英语知识""运动技巧"等模块，英语教师将经典课件、关键教学内容传至"教师之家"网站平台，而且也可将个人积累的各种教学资源放于平台，既能实现资源共享，也能促进学生英语知识的积累。同时，还应建立"学生之家"等网站平台，可设置"知识讲坛""课堂回顾"等模块，英语教师将个人制作的课件、英语相关知识传至"学生之家"网站平台，拓宽学生视野，深化学生对英语的认识。

二、建立师生信息互动平台

在互联网技术的支撑下，师生互动方式发生了改变，即传统面对面交流的格局被打破，网络平台为人际交流提供了新渠道。师生互动平台的建立，为师生提供了一种新型的互动、反馈的模式。如建立英语教师与学生共同参与的论坛，在论坛中，英语教师和学生可随时进行互动，针对双方在英语教学中的认识与体会展开交流。此外，还可建立QQ群、微信群，拓宽师生信息交流的渠道。师生信息互动平台的建立，促使英语教师和学生之间的交流和互动更为便捷，有助于英语教师了解学生需求，为学生答疑解惑，也能在一定程度上促进英语教学质量的提高。

在英语教学工作推进过程中，也可建立互动型多媒体资源库，并将其与英语教学结合起来，有助于丰富教学手段，突破英语教学的重难点，增强英语教学效果，引导英语教师向"研究性"方向转变，培养学生探究学习的意识，激发英语教师和广大学生在英语教学过程中的创造性，拓展英语教学空间，提高英语教学质量。

三、强化手机 App 的运用

随着智能手机的日益普及，当代大学生对手机有着强烈的依赖性，因而可基于 iOS 和 Android 平台设计与研发一款服务于高校英语教学的手机 App，以促进英语信息资源的整合与利用，营造良好的高校英语教学信息化服务环境。而且借助手机所具备的定位和重力感应等功能，可以创新学生课外学习的考核方式。手机 App 在用户管理、成绩查询、信息推送等方面具有重要价值。

（一）用户管理

对于手机 App 的用户设置，可与学校教学系统相连接，通过直接获取教务信息为所有大学生生成 App 账号。所有学生在高校英语手机 App 平台上均为实名登录，登录界面主要显示包括学生姓名、学号、学院在内的基本信息。

（二）成绩查询

在各种信息中，英语成绩查询是学生的一个重要需求。手机 App 可将学校各网站中的学生信息进行整合，学生通过这款 App 即可获取英语考试的成绩信息。手机 App 与已有的测试系统相对接，在测试成绩上传后，学生可利用该款手机 App 查询当次测试成绩，极大地增强了学生成绩查询的便捷性。

（三）信息推送

随着新媒体的广泛应用，信息推送成为人们获取各种信息的一种便捷渠道，它是指服务方主动向用户发送信息的一种技术。在信息推送模式下，用户无须主动搜寻新信息，服务方会将相关信息发送给用户。在高校英语教学过程中，同一节英语课程可能会面向学校内部的多个院系，在英语课程或考试安排有所调整的情况下，英语教师很难及时向学生传达信息。对此，英语教师通常先将信息传至各院系学生代表，然后由学生代表向参与英语课程的学生传达信息，这种信息传送方式的效率与准确性极易受到影响。

针对这种情况，在手机 App 功能的设计上，利用第三方推送平台"个推"的服务方式，在该款 App 中添加信息推送功能，以学院、英语课班级等信息为分组依据，提高信息推送的针对性。英语教师也可通过手机 App 向某一学生进行一对一的信息推送。所有使用手机 App 的学生，都可收到英语课程信息或其他英语学习信息。信息推送有效提升了英语教师传输信息、学生获取相关信息的效率和准确性，为高校英语教学和英语学习活动的开展提供了便捷服务。

四、提升信息化教学程度

在高校英语教学优化过程中，英语教师是实现现代信息技术与英语教学有机结合的主体力量。因此，加强英语教学信息化建设，要重视英语教师信息技术水平，让英语教师熟练掌握现代信息技术，并将信息技术运用于英语教学中，从而提高英语课程对学生的吸引力，增强英语教学效果。一方面，英语教师具备较高的信息技术水平，有助于促进现代信息技术在英语教学中的合理运用，让英语教师在英语教学实践中主动进行探究，以达到现代信息技术和英语教学的高度融合，彰显信息技术在英语教学中的价值；另一方面，英语教师具备较高的信息技术水平，有助于提高英语教师对英语课堂的把控能力，使现代信息技术在英语课堂教学中得到合理运用，从而增强学生参与英语教学的积极性。

对于英语教师信息技术水平的提升，主要有以下几种实现路径：其一，英语教师要注重自我学习和练习，密切关注现代信息技术的发展，坚持由易到难，掌握英语教学所需的课件制作软件、视频播放软件等；其二，聘请专业人士，为英语教师开展关于信息技术与英语教学深度融合的讲座，可针对英语教师的信息技术能力开展信息技术培训工作，也可将本校计算机专业的教师作为信息技术培训的主讲老师，实现对本校资源的有效利用；其三，对于具有足够资金支持的学校，可为英语教师安排相关信息技术培训，为英语教师与同行的交流和互动创造机会，达到开阔视野、增长见识的目的；其四，在英语教师信息技术培训工作中，还要注重针对英语教师的特长或兴趣，使其钻研一种技术，达到精通的程度，并通过其在日常教学工作中与其他英语教师交流和探讨，实现共同提高。

第四节　促进国际交流与合作

伴随着高等教育国际化的发展步伐，高校英语教学也走上了国际化道路，国际英语交流与合作成为高校英语教学发展的重要途径和推动力量。在国际化视野下，要大力推进国际英语教学的交流与合作，为学生的健康成长营造良好的英语教学环境。

一、英语教学国际交流与合作现状

（一）合作进程

纵观高校英语教学国际交流与合作，大致经历了三个阶段：一是间接交流，即在第三地区进行的高校英语教学交流；二是单向直接交流，即国外高校来我国进行英语教学交流；三是双向直接交流。高校英语教学国际交流与合作通常是采取循序渐进、逐步开放的方式推进的。在高校英语教学国际交流与合作中，我国多以单个高校出国参观、考察，合作开展英语教学交流活动，应邀担任讲师，参与国际会议。

（二）合作内容

当前，高校英语教学国际交流与合作的内容主要包括参观访问、教学管理以及学术研讨等方面。实际上，高校英语教学国际交流与合作的主导方式仍是学术研讨和参观访问。教学管理与学术研讨术交流有待深入推进。因此，在高校英语教学国际交流与合作中，在参观访问的同时，也要强化学术与教学管理等方面的交流沟通，实现高校英语教学国际交流与合作工作的全面推进。

在高校英语教学国际交流与合作的不同阶段，其交流与合作形式各有侧重。在间接交流阶段，高校英语教学国际交流主要为自发组织的和民间组织的交流方式；在单向直接交流阶段，高校英语交流主要以民间组织的形式进行；在双向直接交流阶段，高校英语教学国际交流以民间组织的直接交流为主、以官方组织的直接交流为辅，在这一阶段，我国高校英语教学国际交流渠道更为广泛，有助于高校英语教学交流的深入推进。总体而言，无论处于哪个交流阶段，高校英语教学国际交流都以民间组织的交流为主，而且兼具官方和民间特性的交流也发挥着重要作用。

（三）合作特点

第一，各国对高校英语教学交流与合作的态度表现为积极和谨慎共存。一方面，为促进高校英语教学的发展，各国积极推进高校英语教学国际交流与合作，并制定相应的法规和实施措施，为高校英语教学交流与合作的进行提供基本保障；另一方面，在高校英语教学国际交流与合作过程中，因受各国政治、经济、文化等因素的影响，各国对交流与合作持谨慎态度，因而通常有计划、有步骤、稳定地开展高校英语教学交流与合作工作。

第二，高校英语教学国际交流与合作的范围不断增大，交流层次不断提高。随着我国改革开放的不断深入推进，高校英语教学国际交流与合作的范围不断扩大，逐渐由民间交流发展为官方交流。随着交流与合作范围的扩大，交流层次也不断提高，即高校英语教学国际交流与合作有组织、有计划地向前推进，且呈现多方位、多元化的发展态势。

二、高校英语教学国际交流与合作的策略

（一）选派优秀英语教师出国访学进修

高校教师出国交流是我国高校教育国际化建设的一个重要途径。为推动高校英语教育事业发展，教育部门或高校可选派骨干英语教师、优秀科研人员到国外知名高校进修和深造。高校在选派英语教师出国访学时，应高度重视访学行为在英语学科建设中的价值，使出国访学者为高校英语科研项目与学科发展提供指导。随着各行各业对外交流与合作的推进，我国大力支持青年教师出国访学和进修，以促使他们在教学和学术上得到提高。国家的重视和高校的支持，有助于调动英语教师参与英语教学和科研的积极性和能动性。通过出国访学和进修，英语教师积极引入国外先进的英语教学法，吸纳英语教育的新理念，既有助于促进英语学科建设水平的提高，也能对其他教师参与教学研究和学术研究起到引领作用，从而实现英语学科体系的优化。近年

来，高校英语教学国际交流与合作日益受到关注，我国许多地区相继制订高校教师公派访学的方案，为英语教师出国访学和进修提供了有利条件。英语教师出国访学和进修，对于英语教学优化、英语教学的国际合作、高等教育的国际化发展具有重要价值。

第一，在英语教学优化方面。基于英语教师在国外访学和进修时的所见所学，他们在英语教学上的能力有了显著提高。英语教师在访学和进修期间，全面了解国外高校的英语教学理念、英语课程教学内容和教学组织形式，并汲取其中的有益因素，进而推进英语教学方法的改进，促进英语教学内容的调整与优化，并加强探索英语课程的新模式。可见，英语教师出国访学和进修是提高自身能力、推动英语教学优化的重要举措。

第二，在英语教学国际合作方面。许多曾出国访学、进修的英语教师与国外学者依然保持学术联系或合作，如共同开发学术研究项目、合作发表论文、合作探索教学模式等，这种合作关系促使高校英语教学国际交流与合作得以长期进行，有力地推动了高校英语教育的发展。而且基于这种合作关系，英语教师能通过与国外专家的交流和沟通，获得英语教学、学术研究等方面的相关资源，从而得到访学和进修活动的拓展。

第三，在英语教育发展方面。英语教师出国访学和进修有助于促进教师自身国际化，进而推动英语教育的国际化发展。具有出国访学、进修经历的英语教师，在英语教学、科研水平得到提升的同时，也会以直接或间接的方式将个人所学传递给其他教师以及学生群体，这在一定程度上推动了人才培养的国际化和英语教学的国际化发展。在出国访学、进修结束之后，英语教师将英语教学新理念、对外交流方式等传输给学生，增强学生的交流意识和借鉴他人有益经验的意识，使学生在无形中形成一种国际视野。

（二）促进高校英语教学的多样化发展

国外活动式教学具有一定的挑战性与趣味性，深受学生喜爱，正是因为这种特性与大学生的求知意识和自我表现意识相契合，学生能通过某一学习项目的完成而获得成功感和满足感，并使其个性得到张扬。在将活动式教学引进高校英语教学过程中，要充分利用其中的积极因素，最大限度地消除其中对学生不利的因素，并加以改造，以符合我国高校现实状况，满足学生需求。

第七章 "互联网+"时代的多元教学评价体系

第一节 英语教学评价概述

伴随着"互联网+"时代的到来和信息技术的快速发展，英语教学模式也发生了巨大的变化。英语教学理念、英语教学方式、英语教学手段、英语教学体系等伴随着信息技术的不断发展也处于不断发展完善中。顾明远教授指出，教育技术是人类活动中所采取一切技术和手段和方法的总和；信息技术指能够支持信息获取、传递、加工、存储和呈现的一类技术。信息技术与课程整合是指学科教学过程中把信息技术、信息资源和课程有机结合，建构有效的教学方式，促进教学的优化。信息技术和学科课程的整合本质在于发展学生的思维能力，培养学生的优良品质。引入信息技术能帮助解决英语教学比较关键，且英语常规教学手段难以解决的问题。有效使用信息技术和英语课程的融合可促进英语教育均衡发展，优化优质教学资源的配置，提高学生英语学习的积极性与主动性，满足学生个性化的学习需求。

一、英语教学评价的内涵

评价通常是指对事物的价值高低的判断，包括对事物的质与量作的描述和在此基础上做出的价值判断。它是一种价值判断活动，是对客体满足主体需要程度的判断。将评价用于教育，便产生和发展了教育和教学评价。教育评价是对教育活动满足社会与个体需要的程度做出判断的活动，是对教育活动现实的或潜在的价值做出判断，以期达到教育价值增值的过程。教育评价包含学生评价、教师评价、教学评价、课程评价、学校与教育机构评价、教育目的的评价、教育制度的评价、教育内容的评价、教育方法的评价、教育管理方面的评价等。根据《教育部关于积极推进中小学评价与考试制度改革的通知》，教育评价又可分为三个评价体系：促进学生发展为目标的评价体系、促进教师职业道德和专业水平提高的评价体系、提高学校教育质量的评价体系。作为英语老师，要对学生的英语学习进行评价。所谓教学评价，就是根据教学目标和教学原则的要求，系统地收集信息，对教学过程中教学活动以及教学成果给予价值判断的过程。英语教学评价是指英语课堂教学实施中的评价。笔者认为，英语教学评价，指依据英语课程目标，对学生英语学习过程、教师的课堂教学和学校组织实施英语课程的评价。

英语教学评价是英语教学过程中必不可少的重要组成部分。英语教学评价体系的科学与否直接影响着英语教学的成败。科学有效的英语教学评价体系是实现英语教学目标的重要前提和保障，也是检查英语教学组织与实施的重要手段。英语教学评价应根据英语课程标准的目标和要求，实施对教学全过程和结果的有效监控。英语教学评价不仅注重终结性评价，而且更应该注重形成性评价。

以学生为评价主体，第三方积极参与，以过程性、动态性为主要特点的全方位评价模式。课程评价面向学生，充分关注学生"学"的过程，以观测学生学习过程中的"变化"与"改进"为基点，不断对教学内容与进度进行实时调整，积极发挥学生评价对教学的反拨作用；评价坚持增值性导向，在尊重学生个体差异的基础上，鼓励学生不断提高进步幅度；同时，在课程评价过程中，引导第三方积极参与，及时、准确地把握现代教育对学生能力的需求，精准定位课程培养方向、教学内容的短板，促进课程的完善。形成性评价与终结性评价相结合，使学生在英语学习过程中借助教师、同学、学校等多方面的肯定与评价不断体会进步与成功，认识到自己的优势与不足，在充分了解自己的学习状态的基础上建立自信，促进学生综合语言运用能力提高，从而提高学生的核心素养。反之，教师通过学生对教师教学过程的评价也可以得到很多反馈信息，通过分析、总结、反思反馈信息对自己的教学行为进行反思和适当的调整，促进教师不断提高教学水平，使学校及时了解课程标准的执行情况，改进英语教学管理的现状，促进英语课程的不断发展与创新，使英语教学效果进一步提高。

二、英语教学评价的现状与建议

传统的英语教学评价，过度重视终结性评价而忽视形成性评价，重视英语读写能力的评价而忽视了英语听说能力的评价。

（一）考试或测试

1. 考试或测试形式及分值分配现状

由于历史、传统和认识上的局限性以及各种教学设备、教学资源、教学课时及各种社会因素的影响与制约，英语教学评价体系一直存在重结果，轻过程；重分数，轻能力；重应试，轻素养的现象。种种现象导致考试成绩成为对教师教及学生学进行评价的主要参照点。一般情况下，一学期举行几次小测和学期末的期末考试，如小测1、期中考试、小测2、期末考试。

测试内容中写作、翻译、阅读所占分值比例达到70%以上，英语听说能力所占分值比例较小。

2. 考试或测试形式的反拨作用

长期以来的教学认识认为考试题型就是平时教学过程的指挥棒。测试内容和形式影响了平时的教学内容和教学活动，对教学实践活动产生重要的影响。也就是说考试形式及内容，一定会对参与考试的学生及授课教师产生重要影响，这也正是测试的反拨作用。考试越重要，其反拨作用越大。

3. 语言测试理论

（1）信度

信度是指一次考试在不同阶段测试其成绩能够达到高度的一致，或者其成绩排序时一致。信度就是指的测试的可靠程度。在一般情况下采用二分法来计算信度指数。

根据休斯（Hughes，1989），同一套试题在不同的时间和条件下，考生得出的成绩越接近，测试的信度就越高。但是这一想法在现实中实现的可能性是不大的。如果让考生不同时间进行同一测试，那么中间间隔时间较短，学生会通过记忆来完成题目无法发现试题的信度；时间较长，那么学生会在间隔的时间里有所进步，因此也无法判断。并且两次相同测试的进行时间上的间隔是以在这期间学生所接受的教育和努力的程度是一致的这种假设为前提的。

影响信度的因素有很多，如测试的环境、题目的数量、试题区分度、试题的结构、题目指令的准确程度、评分的客观性等方面。

（2）效度

效度是指测试卷的有效性，即测试是否考查了测试者所要考查的内容。效度通常包括表象效度、内容效度、结构效度、考点效度、反拨效度等。试卷中主观题越多，其效度就越高，内容效度是指测试的内容，是否准确代表了它想要测试的内容；结构效度是指测试与它想要测试的内容的相符程度。试题旨在测试的是语言，不是语言形式结构。"效度是语言测试的基本出发点"（杨惠中等，1998）。同样，巴克曼（Bachman）也曾指出"语言测试专业化和语言测试效度研究，是语言测试界现在和未来研究的两大重点领域"。

（3）信度与效度的关系

在真实的交际过程中，语言是多维的。语言的运用牵涉到语码、渠道、意义、语体、语域、环境、背景等维度。要把运用中的语言从其多种维度去测试，那是达到了高效度，却不容易达到高信度。

测试分为接受性测试和产出性测试。杨慧中认为语言测试中产出性测试（翻译和写作等）的效度比接受性测试（选择等）效度更高。

通常情况下，客观题信度较高而效度不高，主观题效度高而信度不高。因此，考试设计和题目设计的理想状态是在信度和效度之间找到一个最佳平衡点。

没有效度的试卷可能有信度，而没有信度的试卷一定没有效度。一个设计良好的测试通常具有以下几个特点：信度、效度、真实性、互动性、影响性和实践性，其中信度和效度极为重要，但是在信度和效度之间又存在着一定的冲突。通常，测试的信度越高，其效度越低。效度应该是测试者设计试卷的基本考虑，因此在设计测试卷的过程中可以牺牲部分信度来提高试卷的效度。这并不是说试卷的信度不重要，而是基于让一个测试卷能够实现其测试功能的综合考虑而进行平衡的结果。

4. 反拨效应理论

测试内容和形式反映了语言教学观，而其又会对教学实践活动产生影响。也就是基于考试的重要性，它一定会对参与考试的人员及相关人员产生影响，这就是反拨效应。考试越重要，其反拨作用就越大。反拨效应源于考试，但是却不会完全受测试设计者的控制和操控，甚至有时候会恰恰相反，因为其是由参与考试的所有人员和各个环节共同促成的。所谓的"应试教育"正是在这种条件下产生的。

教与学反拨效应是指测试对教师教学工作和学生学习方向等方面的影响。测试的内容、形式、题型必然会导致教师调整教学方法、教学手段、教学进度等，也会使学生调整自身的学习策略和学习态度。测试在对教与学产生反拨效应的同时，也会产生其他的反拨效应，如教学大纲的制定、教学的组织方式、教学的评估方式、教材的编写和选取甚至包括教学体制的改革等。

反拨效应还可分为显性反拨效应和隐性反拨效应。显性反拨效应指的是测试对教与学以及其他各个方面产生的明显的影响；而隐性反拨效应是指测试的深度的、不易察觉的影响。

反拨效应可以分为积极反拨效应和消极反拨效应。积极反拨效应是对教学实践活动和被测试者能力提高的正面影响。例如在一卷中，听力测试环节，会引导教师和学生注重听力能力的培养和提高，这与教学活动的目标是一致的，学生取得理想成绩的同时也会提高语言应用能力，这样的考试内容和形式还会提高考试的效度；测试卷中合理的语义知识和语用知识比例，能够帮助学生在掌握语言基础知识的同时提高交际能力；真实的未经加工的语料作为测试素材，会增加被测试者的语言感受；语境下的测试会帮助被测试者了解语言只有在语境中才会有意义；真实的写作材料会帮助应试者提高走上工作岗位后的适应能力。总之，以提高应试者能力为目的并将其真正体现在测试题目中的测试，会对教学活动、学生的学习动机等产生积极的影响。

消极反拨效应的存在是不以测试设计者的意志为转移的。考试的结果会对相关人员产生重要影响，其重要性的存在必然促使对其特点研究的产生，从而产生有针对性的知识性和非知识性应对措施，消极反拨效应也就随之产生。通过访谈，我们发现使用二卷的班级，由于不存在听力能力的考查，任课教师会消减一些大纲规定的听力课程，转而进行语法知识的练习；即使进行听力练习，也会受到学生的冷落，部分学生认为没必要，耽误时间；往年考试中存在翻译题目中要求翻译的句子来自所学课文的情况，许多学生在考前将所有课文中的疑难句子梳理一遍，并配上汉语意思；教师在授课过程中缺乏对学生具体情景下的口语交际的指导，转而进行过多的语法分析，以应对多项选择题和词汇变形题；考前辅导中教师会着重指出如何通过推理找到选择题的答案；考试的结果会将学生进行区分，学习好的学生学习动力更加充足，而学习较差的学生的学习信心就会受到打击；非知识性、非语言应用性因素影响了教学活动的正常开展和测试效度的提高。

反拨效应的产生也受其他因素的影响，如教师的教学理念、教学风格，因此在某种程度上可以说测试会对不同的教师和学生产生不同程度和类别的反拨效应。

5. 对于测试试卷形成过程的建议

通过以上数据分析，可以看出现阶段英语教学中的部分试卷的形成过程存在着主观性和随意性，影响了考试的信度和效度，其积极反拨效应没有充分显现出来，即没有全方位地促进教学活动的开展和学习者语言能力的提高。语言测试是语言教学不可缺少的一部分，是评价人才的一个重要方面，也是评估教学和学习效果的重要方式。因此以基本的测试原理为依托，设计出科学严谨的语言测试卷，对于及时、准确、客观的评价学习和教学是十分重要的。良好的语言测试卷还会对语言的教学和学习产生良好的引导，从而促进学习效率的提高和学习效果的转化。

因此，有必要对英语测试试卷的形成过程加以规范，使其更加科学化。故提出以下建议：

（1）了解、明确考试的受测对象和教学过程。基于考试的反拨作用，以及在许多情况下考试结果对于受测者会产生多方面的影响，命题者要对受测对象的学习方式、学习需求、潜在岗位范围、教学进度、教学方式方法、教学重点等有大致的了解。测试题目和能力培养目标之间必须保持一致，即语言测试必须保证测试的知识和技能与真实交际活动没有差别。即在题型设计过程中考虑考查学生哪些方面的能力，以引导学习的方向，否则将无法体现测试的效度；教学过程中方式和内容方面存在哪些不足，可以通过考查的方式和内容来加以引导。

（2）进行测试信度效度的预评估。在条件允许的情况下，当试题形成之后，在小范围内进行实验性测试，对测试结果进行分析，观察其整体及各个题目的信度、效度和难度，然后进行修正，之后再进行大规模使用。

（3）做好测试结果的统计分析。通常情况下，测试结束后进行的统计侧重于统计结果，试卷分析侧重于班级整体的成绩分布，而缺乏试卷整体及每个题目信度、效度等的评价，对试卷质量的评估往往被忽视。建立历年试卷库，对测试题目进行分析并保存，有利于对于试题信度和效度的研究，比较各个题型的利弊，特别是有利于对比效度的研究。另外当试题达到一定数量后，可以建立试题库。因为这些题目曾经被使用，所以组卷过程中关于每个题目的信度效度等参考指数更有利于形成一份科学的试卷。

（4）丰富和完善测试的形式。由于参加测试者数量庞大，影响了主观题目的使用和测试形式的丰富。题型的丰富多样性能够提高测试的信度，因为当考生对某个题目表现的不稳定，没有完成这个题目的时候，还有其他的题目可以选择完成。同时，这些多样化的题目应该是相关的，而每个题型应该相互独立。

在条件成熟的情况下，可以通过主题演讲、角色扮演、应用文写作、小组讨论、完成特定任务等方式来完成测试。这将会使测试更加接近语言的实际应用，而不是专注于特定的语法点。

（5）建立试题库。建立试题库将会使组卷更加便捷，并且会在一定程度上减少主观的干扰。但是试题库并不是测试题目的简单集合，而是为考试提供具有测量学价值和意义的考试标准，并实现考试的科学化和高效化，极大提高考试工作的质量水平。因此试题库的建立必须为每个测试题目提供能够对其全方位进行描述的属性。试题库中的题目要对教学内容和能力提高的目标形成有效的覆盖，并且各个题目间要形成一定的层次。试题库形成后还要进行一些试验性的测试，以检验试题库中题目是否符合要求，通过不断增加有效题目和剔除无效题目的方式不断完善。

总之，为了使测试有一个比较好的反拨作用，要尽量避免一些可能影响试卷效度的因素，如题目要求不明、测试题目样本不具有代表性、题目难度过大、与教学目标不一致、与课本学习内容太相关或过于不相关、测试题目任意排序、某个类型题目过多或权重过大等问题。

6. 英语考试改革实施方案的意见和建议

为了更好地服务于学校的人才培养目标，充分发挥测试对教学的引领作用，使英语测试能够更加公正、客观、真实、全面地反映学生的英语水平，使学生更加重视英语交际能力的提高，总结前期英语教学改革成果，现制订了英语考试改革方案：

（1）指导原则

教育部高教司颁布的《高职高专教育英语课程教学基本要求》中指出："语言测试在考核英语知识的同时，应着重考核学生实际运用语言的能力，要做到科学、公平和规范。"因此，英语考试改革的基本原则应该是：重点考查学生的语言交际能力，兼顾对基础知识的考核，试卷的题型相对稳定，难度适中，试题有合理的信度和效度，在反映英语学习和教学成果的同时，能够对英语学习和教学起到很好的引领作用。

（2）考试方式与内容

考试采用形成性评价和终结性评价相结合的方式进行。其中形成性评价占40%，终结性评价占60%；形成性评价由出勤、作业完成情况、课堂表现、英语任务完成效果等组成。英语任务包括英语手写报的制作、网络作业的完成、小组主题演讲等；终结性评价包括口语考试、听力考试和笔试。

形成性评价的内容和方式：

形成性评价的内容：出勤、作业完成情况、课堂表现、英语任务完成情况、第二课堂活动参加情况等。

形成性评价的方式：制定比较完善的学生英语学习记录，力争比较完善地记录学生的英语学习经历和进步程度；英语任务从完成效果、合作密切程度等方面通过教师评价和小组成员互评的方式进行。

终结性评价的内容和方式：

①口语考试。

口语考试的内容：以学生学过的并且与其生活和将来的经历密切相关的话题为主。

口语考试的方式：采取与测试教师交谈、抽取话题进行几分钟准备后的短篇演讲、命题演讲、情景剧表演、小组主题演讲等形式进行；口语考试将由教研室统一安排任课教师以外教师进行测试，以提高测试的公正性和学生对测试的重视程度；测试形式由任课教师和测试教师商议之后确定，并且提前通知受测学生；教研室将进行用语音室设备记录口语考试过程的试点，尝试进行人机对话、人人对话等形式，并进行成绩分析，形成模式后推广使用，以使口语测试更加客观公正。

②听力考试。

听力考试的内容：听力考试的内容包括课本内容和部分 AB 级听力考试的内容。为了使考试有合理的信度和效度，待方案批准后我们将进行一些听力考试的模拟测试，通过对考试成绩的分析来确定考试的题型和难度。

听力考试的方式：听力考试将采用学校的调频电台进行播放。

③笔试。

笔试的内容：在笔试中，借鉴 AB 级考试题型，减少语法测试的难度和题目数量，注重对语言应用能力的考查；经过摸索，逐步使考试题型相对固定，分值分配更加合理，减少主观因素对试题的影响，逐步向标准化考试靠拢。

笔试的方式：采取统一命题，统一时间考试，流水阅卷的方式进行。

（3）考核项目分值分配

总评成绩 = 形成性评价 ×40%+ 终结性评价 ×60%

（4）具体实施过程中需要注意的问题

为了保证考试成绩的客观公正，英语教研室将不断完善各种教学监控措施和教学过程记录，做到资料齐备、依据充分，使英语考试能够真正成为促进学生英语学习和英语教学的重要方式。

英语任务完成情况包括英语手写报、网络作业、小组主题演讲、第二课堂活动情况等，由任课教师根据本班具体情况，决定其中的一项或是几项进行考核，考核方式必须在开学一个月内确定，报教研室备案，并通知所在班级。

形成性评价和终结性评价的总分均为 100 分。总评成绩 = 形成性评价 ×40%+ 终结性评价 ×60%。

为了配合大学英语听力测试的开展，体现对听力的重视，建议对大学英语期末考试设立听力最低分数制。在听力单项分数为 15 分的听力成绩中设定最低分数值为 5 分。听力成绩低于 5 分的，将在总评中加以体现。具体计算方法如下：总评成绩等于期末卷面成绩减去听力最低分数值和实际听力单项得分的差。例如，某考生大学英语期末卷面成绩为 60，其中听力成绩 3 分，那么该考生的总评为 60 －（5 － 3）=58。目的是引起学生对于英语听力学习的足够重视，避免部分学生有畏难情绪而直接放弃听力试题。

根据考核评分标准，对各项目内容进行量化打分，考核项目中凡能量化的均进行量化，不能量化的也须经过一定的量化处理，使之数量化。

院校所属外语系或英语教研室针对口语考试、形成性成绩的评定等制定更加详细的操作规程。

待方案批准后，分层班级英语考试仍将单独命题，但考核内容比例将按照方案执行。

为了保证改革的顺利进行，并达到预期效果，改革方案选择班级进行试点，并对方案进行完善。

（二）教师评语

1.课堂评语

课堂提问是整个教学过程中不可或缺的重要环节之一，有目的地恰当地应用课堂提问这一手段可以收到促进教学的良好效果。课堂上学生由于天赋、兴趣、家庭背景、学习水平等方面的差异，对于问题的期待具有差异性。如果教师不能针对学生的实际水平提出问题，往往会起到事与愿违的效果。反之则会事半功倍。这就要求教师充分认识到学生的个体差异，有针对性地实施分层提问与不同评价。

（1）针对英语基础不同的学生提问难度不同的问题

知己知彼，百战不殆，英语教学亦如此。对于英语基础较差的学生，教师可提问一些知识测试性的问题，如单词拼写、单词阅读或课文朗读等，有效的回答可以增强他们的自信心，提高其学习热情；对于成绩一般的学生可以进行提问句法分析或巩固练习等；对于成绩较好的学生可以提问一些知识扩展性问题，如句子翻译、延伸话题等自主发挥性比较多的问题。如果教师针对成绩较差学生提出较难的分析型问题，会打击其学习动力与学习激情；针对学习较好学生提出较简单的问题，会使英语基础较好学生感觉不具挑战性，从而丧失学习兴趣。总之，针对学生的个体差异，在课堂提问中区别对待。既保证"面向全体"，又兼顾"提优促差"，即把握课堂提问策略，让各类学生均有输出信息的机会。

（2）针对英语基础不同的学生，教师对学生回答做出不同的评议

在评议学生答案过程中，教师应始终以鼓励为主，并且做到客观公正。学生回答问题结束后，教师不能以"good""very good"等词来简单回应。针对基础较差的学生，教师一定要对他们的回答予以具体的肯定并给予表扬和鼓励，以激发他们的学习动力，树立他们学习的信心。比如，对朗读单词的学生，教师可以说其语音、语调相当准确，如果他能够准确无误地把单词拼写出来，那就更好了，从而激发他们的学习热情；针对成绩一般的学生的回答，教师的评议应该既褒又贬，点出回答中的美中不足，充分调动成绩一般学生的学习热情。比如对英语基础一般学生所做的段落大意的总结，教师可以评议为大方向把握得很好，但是总结得还不是很精准，个别单词的使用还需要推敲，从而培养他们的赶超意识；对于成绩较好学生的回答，教师评议重在引导，引导学生勇往直前地学下去。比如，对于句子翻译，学生一般情况下不会翻译得非常完美，这时候教师就要点出其翻译得好的地方和欠妥的地方，这样会有力地激发基础较好学生的学习热情，避免骄傲情绪产生。

对于一时回答不上来或回答欠妥或回答错误的学生，教师绝对不可以批评训斥或挖苦讽刺，而是要"循循善诱"，教师应该为此学生设计一个更简单的问题，以此来挽回此学生 的自尊和信心。不同年龄段的学生具有一定的心理差异，但是学生心理上的一个重要特点就是要求成人尊重他，信任他。

根据这种心理特征，我们作为英语教师，更应该尊重他们、信任他们。课上提问及评议答案要尊重学生的个体差异，"量体裁衣"，力争使每个个体的潜能都能最大限度地发掘出来。

2. 作业评语

教师对学生作业的评议要区别对待。对于基础差，作业完成质量的确不是很好的学生，教师可与之私下交谈并给予鼓励；对于作业完成质量一般的同学教师可以表达自己对其有更高的期待，相信他作业能完成得更好，希望他有更好的表现；对于作业完成质量很好的学生，教师在表扬的同时也要点出其作业的美中不足，预防骄傲自满情绪的滋生。针对学生作业，教师一定要认真地检查、核对，适时效仿QQ表情，适当地标上笑脸、苦脸、难过等表情。初中生是一群既可爱又调皮的孩子，他们身上有一些大人的行为特征，但更多的又表现出小学生的幼稚的一面，教师借用QQ表情评议作业，会拉近与学生的心理距离，最佳的指导就是教师与学生恰到好处的结合，演奏出最好的交响乐。

考虑到不同年龄段学生的不同心理特征，教师要以对等的心态与学生进行交流，充分了解学生的性格特征、处事方式等，以期达到不同的学生不同的谈心方式和谈心内容，把分层指导策略发挥到极致。教师要充分利用现代化的通信手段，如手机短信、QQ聊天、微信、电子邮件等与学生进行交流和沟通。这种聊天方式不是面对面的直接交流，学生相对来说顾虑较少，更倾向于流露真实的自己。教师要培养学生的自信心，激发他们的学习热情，发掘出他们学习的最大潜能。

国外的一首《育儿歌》写道："在挑剔中成长的孩子学会苛责；在敌意中成长的孩子学会争斗；在讥笑中成长的孩子学会羞怯；在耻辱中成长的孩子学会自疚；在宽容中成长的孩子学会忍让；在鼓励中成长的孩子学会自信；在称赞中成长的孩子学会欣赏；在公平中成长的孩子学会正义；在支持中成长的孩子学会关怀。"这首《育儿歌》告诉我们成人的评价是孩子成长的重要心理环境，不同的评价思想和评价方式会在很大程度上造就迥然不同的孩子。

第二节 多元教学评价体系的构建

我国传统的教学模式因班级容量较大，教师不可能在授课过程中掌握每一个学生的实际情况。以往学生学习的评价也只注重单纯的终结性评价，即只对学生的学习结果进行评价，忽视了对学习过程的评价，导致一部分学生为了应对考试拿高分而忽视学习的真正意义。为了彻底改变旧的教学模式，在教学中突出形成性评价，注重学习过程，加强学生学习的自主性，《课程要求》提出："各高等院校应充分利用多媒体和网络技术，采用新的教学模式改进原来的以教师讲授为主的单一课堂教学模式。新的教学模式应以现代信息技术，特别是网络技术为支撑……尤其是要确立学生在教学过程中的主体地位。"多媒体技术与课堂教学密切结合，将个性化、自主性学习等崭新的英语理念导入系统，同时也提供了英语水平测试的平台，使英语学习评价变得多种多样。网络环境下的学习评价必须充分重视网络环境的功能及其对教学系统各要素的相互作用，既要有个别评价又要有整体评价。

一、多元教学评价系统的理论基础——建构主义

对教师来说，建构主义理论在教学中的运用应注意不同目标的教学方式以及评价的恰当性。本节所指的建构主义主要来自教育心理学家的观点。他们认为建构主义是一种学习观点，主张学习者构建对所学主题的理解，而非通过外部来源传输理解。建构主义包括两个主要立场：认知建构主义和社会建构主义。认知建构主义主要基于皮亚杰的研究，强调个体性和知识的内部构建。认知建构主义注重主体在学习活动中的能动性，认为学习者应积极主动地参与教学，在与客观教学环境相互作用的过程中，以自己的经验为基础，积极地检验和修正知识框架。社会交互是重要的，但它主要是作为个人认知冲突的催化剂。例如，当一方的想法对另一方造成不平稳时，另一方可以通过构建自己的理解来解决这一不平衡。

知识首先是在社会环境中构建的，然后在个体中适当分配。根据社会建构主义的观点，共享个体观点过程——有时称作合作阐述——可以帮助学习者构建理解，而这在单独情况下是做不到的。建构主义强调学习的交互性，而目前网络技术的发展为这一理论的实践提供了技术保障。

网络辅助可以很好地利用学习性评价的最新成果，寻求与解释证据，让学生及其教师以此确定他们当前的学习水平、他们需要追求的学习目标以及如何达到所要追求学习目标的过程。这样及时的评价或反馈使教师能及时引导学生解决问题，而不是等到期末才发觉。

二、多元评价体系的构建

（一）评价主体的多元化

当今"互联网＋时代"，教师不再是单向的评价学生的主体，学生也可以及时对任课教师进行评价。学校、用人单位等也可以对教师的教和学生的学进行多方面的评价。评价的主体由教师变成学生、教师、同学，这样便可以多角度、多方位地进行比较科学、客观的评价。

（二）评价形式的多元化

由于评价主体由单一的教师转变为学生、教师和同学，评价形式也相应转变为学生自我评价、教师对学生进行评价、学生对教师进行评价及学生以小组为单位进行互评。

1.学生自我评价

每月末学生进行一次自我评价，对自己一个月以来的英语学习情况进行客观的反馈和自我评价。通过每月一次的自我评价，学生能够意识到自己的薄弱环节，总结经验，查漏补缺，调整学习方法与学习计划。教师要求学生每月写一次反思日志，日志中的主要内容包括所获、所思、所想及针对近一个月的授课内容提出的问题和建议。

2.教师对学生的评价

教师针对学生的课堂展示、小组讨论、有效提问、资源共享、线上线下作业等教学环节进行定期评价。

3. 学生对教师的评价

学生对教师的评价每月末设置一份简单调查问卷，通过"问卷网"发送到班级微信群，要求学生进行教学效果的测评。教学效果测评问卷中的具体问题可以根据具体的授课内容和学生专业和层次的不同，进行实时的调整与改善。

4. 小组互评

每个月末，组织学生以小组为单位填写"互评表"，从课堂展示、小组讨论、有效提问、回答问题、资源共享等角度进行量化打分。第一学期初教师就把班内学生进行分组，每组 3～4 人。小组间互评组别每次抽签决定。如班内学生共有 50 人，3～4 人一组，共有 15 组。每学期末教师做好 15 组别的标签，每组选代表进行抽签，抽到哪组就对班内哪组同学进行评分。组内每个同学分别对被评定小组内各个成员进行打分，最后取平均分。为了避免感情分及保证公平公正，所有评分表打完分后及时上交，进行匿名评分。最后分数统计汇总由教师指派专门的同学进行计算。

例如，班内的第五组同学抽到了九组，九组内共有 4 名同学。五组内有 3 名同学，分别对九组内的 4 名同学打分，实施匿名评审。五组 3 位同学打好分后交给老师，老师再请专门同学对分数进行汇总统计。

（三）评价内容多元化

评价的内容基本包括三个方面。

1. 学习态度

除了网页文字为主教材之外，其他学习媒体的选择：学生除了学习网上所规定的教材外，还可利用网络下载与学习相关的资源。管理人员与教师都可上传学生所需的资源，提高学生学习积极性，拓宽学生知识面，加深他们对知识的理解。

参加该课程必要的面授辅导情况：学生根据学习进度和学习成绩，与教师进行面授辅导。教师在课后录入面授课上学生成绩的最终评价结果。

学习计划：借助网络辅助平台，教师可以了解到学生个人与总体学习的进度统计、时间统计、成绩统计及学生总体学习时间峰值统计。

参加学习小组讨论：教师在授课时组织学生以小组进行讨论、演讲、表演等活动。课后由组员记录各学生参加的情况并评出等级。

学生自我评价记录与自主学习笔记：学生根据网上测试的具体情况与学习情况，记录学习笔记与心得笔记，及时进行自我反馈与调整。

2. 平时作业

学生通过网络平台提交课程或测试作业，教师在线批改主观题目作业并反馈批改信息，进而了解学生对基本概念的理解。学生还可以在网络平台上进行基本解答技能的训练、综合知识的运用训练。教师选取一些有代表性的作品，在课堂上让学生分组讨论、评价、记录。

3. 语言能力评价

教师可在线上及时了解每一个学生的单元测试中的词汇、听力、语法、口语等语言能力各方面的分数情况。学生在课下填写"英语能力自评"和"互评表"对语言能力进行评价，其内容包括听说能力、演说能力、资料的演示能力、信函与报告的编写能力、知识的构建能力、网络英语沟通能力、团队合作能力、解决问题的能力、自我评价能力和语言知识与国家文化知识等。教师的评价与学生评价相结合，对学生语言能力进行客观的评价。

（四）评价标准

1. 对学生的评价应以综合形成性评价为标准

所谓综合形成性评价，就是在对学生做出评价时，对他们在学习过程中所表现的情感、态度和学习策略、掌握基础知识、基本技能和运用英语的能力，以及表现出的发展潜能等，进行全面综合性的评价。综合形成性评价，有助于改变英语教学中一切围绕考分转，为考而教、为考而学，片面地以考分衡量学生的弊端。注重学生的学习发展过程，突出对学生英语语言学习的激励作用。要允许学生犯错误，从某种意义上来讲，学生在学习语言的过程中，犯错越多，进步越快。要允许学生存在差异，不要让学生感到压力。教学活动的设计要考虑学生的不同水平，层次要分明，方式应多样化，使不同能力的学生都能比较容易地获得成功。在学生完成学习任务的过程中，教师不能充当"检察官"的角色，要给学生认识和改正自己错误的机会，要帮助学生消除顾虑，要耐心倾听并理解学生的不连贯，甚至不达意的、不成熟的英语，就像母亲倾听婴儿的咿呀学语一样，才能使学生勇于张口，要让学生尝到成功的喜悦。我们可以尝试对学生的书面作业，口头问答、演讲、朗诵等课内外学习行为和学生的学习能力、学习态度、参与程度、合作精神等做出评价。可以建立每个学生平时的学习档案，使学生在学习过程中能够积极、主动。

2. 对学生的学习过程应有诊断性评价

能够选拔学生上高一级学校固然必要，但这只能是面对少数学生。英语课程应面向全体学生，力求为每个学生的充分发展创造条件，为学生的终身学习打下基础。英语日益成为我国对外开放和与各国交往的重要工具。学习和掌握一门外语是对 21 世纪公民的基本要求之一。因此语言学习的成功，不在于"跃过龙门"的学生有多少，而在于实际运用语言的效果有多好。这种已有或将要达到的"效果"，很难采用表象的阶段性的测评方式做出客观评价。因此，不能仅以中考或高考成绩来对学生做出表象性评价，还应对于学生平时的学习过程、每一学段的深层次情况及内在潜能等，做出全面的诊断性评价。诊断性评价为因材施教提供依据，使课堂、教材和教法都能适应学生的基础和个性。

3. 对学生的评价应体现在听、说、读、写四个方面

目前的英语教学普遍存在"费时较多，收效较差"的现象，考查也大部分只考查笔头的能力，往往用考试题来替代语言练习。而语言或学习语言的目的是为了交际，因此，考试形式要包括听力测试、笔试和口试。听力测试在考试中所占比例应不少于 20%，听力测试在着重检测学生理解和获取信息的能力，不能把脱离语境的单纯的辨音题作为考试内容。增加具有语境的应用型试题，增加主观题的比例，任何偏颇的训练或评价，无助于也无法反映学生实际运用英语的能力。

4. 评价应采用多种方式，以增强学习的自信心

以往的大多数评价以分数说了算，以一次成败论"英雄"，严重挫伤了学生学习的积极性，因此，评价方式可由教师对学生评价，也可以由学生实

施交互评价或学生自我评价，可采用宽松、开放式的描述性评价方式，有益于树立学生的自信心，培养学生的学习能力，激发他们成功的欲望，形成继续学习、争取进步的动力。总之，对学生的评价应遵循形成性评价和终结性评价并重的原则，既关注结果，又关注过程，既有诊断性评价，又有互动性全方位的综合性评价。这样，才能促使学生形成健全的人格，为他们的可持续发展打下良好的基础，有利于更好地实施素质教育，全面提高英语教学质量。

（五）存在问题

"互联网+"时代为实施有效的形成性评价提供了宽阔的平台与技术支持，激发了学生学习动机，提高了学生的实践能力，使他们具有成就感，学习目标更加明确。但评价的实施还在摸索阶段，存在着一些亟待解决的问题：

1. 没有开发出一些简单的统计软件来准确、迅速地统计、分析来自各方面信息的评价结果。在实践过程中，教师工作量增加，除备课、批改作业外，还要对每一位学生做评价记录与档案记载。每一项内容的评价工作烦琐，难免有些遗漏。

2. 没有统一的指标，这样将给年级或学校间的学生的评价带来困难。

3. 学生互评过程中，带有一定的感情色彩，不能做出客观的评价。

随着网络技术的不断进步，网络环境技术下教学的评价体系将日趋完善，形成性评价和学习性评价也会广泛应用于日常教学中，充分发挥每个学生不同的潜质，改进学生的学习并为教师提供反馈。

三、英语教学评价的意义

（一）英语教学评价有助于课程目标的实现

我国基础教育的英语课程的指导原则是注重学生全面发展的素质教育，强调以人为本，注重培养学生的实践能力和创新精神。英语教学评价在英语课程发展中起着十分重要的作用，甚至在某种程度上决定着外语课程改革的方向、力度与效果。教育部明确指出科学的评价体系是实现课程目标的重要保障。我们应根据课程标准的目标和要求,通过英语教学评价,实施对教学全过程的有效监控。

教学评价也是各级教育及教学管理部门要进行的一项经常性工作。但长期以来,我们对于什么是评价、评价的功能、形成性评价与终结性评价的不同,评价与测试的关系等问题一直存在着误区。由于多方面的原因,英语教学中存在着将考试作为语言学习的终极目标的现象,用考试代替多元的教学评价目的、评价策略和评价手段,使测试等同于评价,造成了许多负面的影响。英语课程标准提出了新的评价理念和要求,强调"英语教学评价体系要体现评价主体的多元化和评价形式的多样化。评价应关注学生综合语言运用能力的发展过程以及学习的效果,采用形成性评价与终结性评价相结合的方式,既关注结果,又重视过程,使对学习过程和对学习结果的评价达到和谐统一"。这无疑对英语教学评价提出了新的挑战和要求。为此,我们都要认真学习和领会英语课程标准的精神实质,转变评价观念,明确评价的原则,掌握评价方法,依据英语课程标准全面科学地实施教学评价。"通过评价,使学生在英语课程的学习过程中不断体验进步与成功,认识自我,建立自信,促进学生综合语言运用能力的全面发展使教师获取英语教学的反馈信息,对自己的教学行为进行反思和适当的调整,促进教师不断提高教学水平,使学校及时了解课程标准的执行情况,改进教学管理,促进英语课程的不断发展和完善。"

(二) 确保英语课堂生态平衡与优化

教育部副部长杜玉波 2012 年 3 月 22 日在全面提高高等教育质量工作会议上,重述了教育部制定的《关于全面提高高等教育质量的若干意见》30 条政策举措,其中强调了"开展教学方法大改革,大力推进启发式、探究式、讨论式、参与式教学,加强师生互动"。他的讲话给高等教育提出了更高的要求和更大的期望。这就要求教育工作者不能再墨守成规,而是要探求新的教学方式。大学英语课堂是大学英语教学过程中一个重要的环节,也是中国外语教学最关键最普通的一种形式,所以大学英语课堂效果的好坏直接决定着大学英语教学效率的高低。因此,大学英语课堂生态平衡与优化是至关重要的。

生态学是以生物的生存条件以及生物与其生存环境之间的关系为研究对象，探索有机体与其环境之间相互作用的形式和规律。教育生态学是依据生态学的基本原理，特别是生态系统、生态平衡、协同进化等原理和机制，研究各种教育现象及其成因，进而掌握教育发展规律，揭示教育的发展趋势和方向。教育生态学的基本原理为教育决策和实践，特别是教育改革提供了理论指导，也为大学英语课程教学改革和创新注入了新的活力。

教育生态学中的一些原理和方法为我们构建生态化的大学英语课堂，使大学英语课堂充满生机与活力具有重要的方法论的意义。课堂有广义和狭义之分。广义的课堂，泛指进行各种教学活动的场所。狭义的课堂分为课堂教学和课外活动，具有较强的组织性、计划性和目的性。无论是广义的课堂还是狭义的课堂，都具有生态性。课堂生态系统是教育生态系统中的一个子系统，主要由教师、学生、教学环境三种生态因子共同构成。教师与学生是课堂生态的主体。教室颜色和温度、课桌摆放位置、教室中的设备、师生关系、生生关系、班级学习风气、教师的专业素质及文化修养等构成课堂的生态环境。课堂是一种独特的生态。课堂生态主体与课堂生态环境之间、课堂生态主体与课堂生态主体之间存在着各种联系，使课堂形成一个有机的生态整体。各个生态因子间通过物质循环、信息流通和能量流动相互作用，各自在维护生态平衡中具有重要的作用。作为一种独特的生态系统，课堂生态具有整体性、协变性和共生性三大生态特征。

为了解决当前英语教学弊端，确保英语课堂生态的平衡与优化，必须达到结构上的平衡与优化、功能上的平衡与优化和教学方法上的平衡与优化。

1.结构上的平衡与优化

（1）确保班级规模、性别比例的均衡

根据生态学的胜汰原理，大学英语课堂系统的资源承受力、环境容纳总量在一定的时空内是恒定的，不适当的密度会对教育群体的活动和效能发挥产生不利影响。从大学英语课堂效果看，班容量在 30 人左右是最佳人数，但是目前有的班级在五六十人，甚至有的多达 90 多人，班级规模越大，环境越拥挤，学生参与正常课堂活动的机会就越小，对语言的学习兴趣越小。这就要求在师资和教学资源等因素方面达到合理的配置。

另外，受专业因素的影响，不同专业间性别比例严重失衡。比如，中文系男女比例可达到 1：6，而体育系男女比例可达到 3：1，所以相关部门在划分大学英语上课班级时要综合考虑性别比例，力争确保男女比例均衡。

（2）确保师生均衡话语权

目前大学英语教学模式很大程度上还是沿袭以教师讲解为主的传统教学模式，该模式把学习者当"容器"，忽视学习者积极的认知参与，没有发生真正意义上的交际，难以调动学习者的内在动机。

要实现课堂生态平衡与优化，大学英语教学必须改变传统的教学模式，转变大学英语教师唱独角戏的观念，大学英语教师一定要从传统的主授角色转变为交流式、讨论式和研究式教学活动的引导者、组织者和协调者，学生成为生态化课堂的主体因子，教师成为主导因子，使课堂生态主体成为平等的价值主体。

大学英语教学是高等教育的一个有机组成部分，大学英语课程是大学生的一门必修的基础课程。为了更好地保证大学英语教学效率，在大学英语教学过程中就必须实现教师的主导作用和学生的主体地位。为了实现这一目标，大学英语教师在教学过程中必须以具有生态理念的《大学英语课程教学要求》为指导，以教育生态学的相关理论为依据，在大学英语教学过程中实施具有生态特色的"5C"（cooperation, competition, consideration, creativeness and continuity）教学策略。

根据生态学原理，处于同一生态位的个体会互相竞争，个体适应能力提高；同时，"共生效应"显示个体间的互相交流，互相影响会极大地促进整个群体的提升。鉴于此，在大学英语课堂教学过程中，针对故事性比较强的文章，教师要组织学生开展话剧表演比赛；针对励志性的文章，教师可以组织学生进行演讲比赛或辩论赛等，通过采取 cooperation（合作）与 competition（竞争）的教学策略在学生中形成"小组内合作，小组间竞争"的学习氛围，从而提升学生的竞争与合作意识，更好地培养学生英语学习兴趣。针对语法丰富的教学内容，教师要进行详细的讲解，在讲解过程中教师以 consideration（全面分析）与 creativeness（因材施教）的教学策略为主，充分考虑到学生的个体差异，区分对待、因势利导，既保证"面向全体"，又兼顾"提优促差"，即把握课堂讲授策略，让各类学生均有输出信息的机会。

大学英语教师通过在平时的教学过程中实施 cooperation（合作）、competition（竞争）、consideration（全面分析）和 creativeness（因材施教）的生态化教学策略，最终培养学生生态化的学习策略，学习策略在一定程度上不受学习材料和学习情景的制约，可以随时根据学习的需要，进行自我调整以适应不同的学习情境，具有变通性。可以说，策略是高效率学习的保障，也是终身学习的武器或技能。在不同情境、不同背景的情况下，学习者能开发出自主学习的潜力、构筑发展的平台，受益终身（continuity）。

在大学英语教学过程中，教师应坚持"5C"教学策略会确保师生均衡的话语权，从而实现"你中有我，我中有你"的师生之间互利共生的师生关系。

（3）确保生生间均衡的话语权

教师在课堂上的位置影响到学生心理和教学效果。教师周围的区域称为活跃区，该区域内的学生表现活跃；而远离教师的学生则较被动，易发展成为边缘生。尤其是多媒体授课时教师多数时间坐在电脑旁操控电脑或站在讲堂上，这样很容易造成教师与学生之间的心理距离和情感疏离，影响了学生参与课堂的积极性，因此，教师应避免长时间固定在讲台上，要走进学生，扩大活跃区，增进与每个学生的交流。

另外，目前教室的座位编排多是秧田式，适合以教师为中心的课堂模式，不利于教师与每个学生近距离互动，容易导致后排和靠边的学生被边缘化。针对大学英语的教学特点，应根据不同的授课内容编排不同类型的座位：行列式用来集中讲解知识、圆形或椭圆形用来组织讨论。教师应同时注意到在行列式编排中，后排和边排的学生处在不良生态位，教师必须组织学生定期交换座位，以达到最优化的学生生态位，促进学生成为学习主体，主动参与到课堂活动中来，从而保证班内每个学生都有均衡的话语权。

2. 功能上的平衡与优化

（1）确定生态化课堂教学目标，力避"花盆效应"

大学英语的教学目标是培养学生的英语综合运用能力，特别是听说能力，使他们在今后学习、工作和社会交往中能用英语有效地进行交际，同时增强其自主学习能力，提高综合文化素养，以适应我国社会发展和国际交流的需要。这种顺应时代发展的适应性就是教育生态学的理念。在大的具有教育生态学理念的教学目标的指导下，大学英语教师应该制定出每堂课的生态化课堂教学目标。

长期以来，由于我国考试制度、教师评价制度存在诸多弊端，导致了一部分大学英语教师为了考试而教，一部分学生为了考试而学的教学现象。在大学英语课堂上，教师侧重于大学英语四、六级试题及考研英语试题中的知识点以及命题点的教学，在教师的精心辅导下，学生也的确能考出优异的成绩。同时，学生也认为这样的教师是优秀的大学英语教师。

但是，从适应性、发展性和长远性的角度看，这种教学方式阻碍了学生的整体进步和全面发展，忽视了培养学生生态化的学习策略，导致学生一旦离开学校和老师，无法从容应对日常生活中的英文资料。这就是教育生态学中的"花盆效应"。生态学中的"花盆效应"是指花盆中的个体或群体一旦离开某个固定的小生态环境，就无法正常成长。

在大学英语课程教学过程中要力避这种"花盆效应"，每堂课都要确定生态化的课堂教学目标，这就要求我们的大学英语课程教学不能只为考试而教，不能只看到课本上的现有知识，不能只系统地讲述词汇、语法、翻译、阅读等基本知识，更要注重对口语、听力等方面的培养，还要培养学生的自学能力和技巧以及学生自主应变能力，为学生的终身教育和可持续发展服务。另外积极开辟无限的课外活动天地，举办外籍教师和学生共同参与的外语角、外语沙龙等，带领学生到外资企业进行实践教学活动，创设真实自然的交际环境，提高学生的外语实际运用能力。鉴于此，可持续发展（continuity）的教学策略尤为重要。例如，在讲解长难句的课堂上教师要确定本节课的教学目标为培养学生破解长难句的能力，掌握分析长句的技巧，从而为以后的英文阅读奠定基础。这就体现了生态学中的适应性、发展性和联系性。

（2）确保学生处在"最适区"

生态学中"耐度定律"和"最适度原则"指出各种生态因子都有自己适应范围的上限和下限，在此范围内主体能很好发展，否则将走向反面。鉴于此，本节提出了在大学英语课程教学过程中要坚持全面分析（consideration）、因材施教（creativeness）的生态化教学策略，从而保证不同程度的学生都能找到与自己的发展空间相匹配的学习环境，使每个学生都能最大限度地得到发展。

为了更好地挖掘每个学生的学习潜力，每位大学英语教师都应对班内每位学生的基本信息，比如，英语学习的态度和动机、高考时英语分数、学习背景、家庭背景、认知风格、性格等有所了解，为每位学生建立个人档案，档案内信息随着每位学生状态的变化随时更新，以便教师对每位学生的情况都进行了解，然后根据学生的个体差异，有针对性地实施分层指导。知己知彼，百战不殆。在对学生全面分析了解的前提下，在课堂提问、课堂讨论、问题评议、作业评议、课下辅导中都要区别对待。针对英语基础较差的学生，主要以鼓励为主，以激发他们的自信心和学习兴趣；针对英语基础一般的学生，以激励为主，以激发他们的赶超意识和学习热情；针对英语基础较好的学生，以勉励为主，以激发他们刻苦学习，积极向上的学习激情。

例如，在前面提到的破解长难句的课堂上，教师在课堂提问过程中可以请基础较差的学生找出句中非常容易找到的主语和谓语；请基础一般的同学补充其他成分；最后请基础较好的同学全面分析。I'm not denying that most little girls love dolls and most little boys love videogames, and it may be true that some people favor the right side of their brain, and others the left. 另外，教师可以引导学生以具体的可视的图形的形式来分析英语长难句。例如，本句话就可以这样分析：

that...

I'm not denying

and

that...

it may be true

课堂实践证明，在全面分析了解了长难句后，英语基础不太好的同学却能构思出十分奇妙的图形来进一步帮助理解长难句，从而增强了他们的学习自信心，激发了他们的英语学习兴趣。这使每个同学在英语课堂上都处于自己的最适区，从而得到最大的发展。

国内外语教育界也普遍认为，在外语教学中，课堂提问对学习效果的影响尤为突出，因为外语课堂互动不只是教学过程，也是学生学习和掌握语言的机会。

（3）巧用"边缘效应"保证教师拥有"一潭活水"

如果大学英语的课堂是战场，那大学英语教师就是战场上的指挥官，学生是战场上的战士。一场战争的好坏很大程度上取决于指挥官指挥能力的高低。当前强调的以学生为主体，以学生为中心的英语课堂中，教师的职责不是削弱，而是加强。教师的主导作用贯穿于教学工作的始终，在教学活动中，教师既是组织者、指导者，又是参与者、监督者。教师要营造民主平等的教学氛围，激发学生学习的激情。

"要想给学生一碗水，教师需要有一桶水。"但是，无论桶有多大，毕竟是一桶静止的不流动的"死水"。而且这桶死水还会随着时间的流逝日益蒸发以致干涸。所以要想做一名好老师，教师所拥有的知识就应该是"一潭活水"。由于是"一潭活水"，从源头不断地得到补充，因而水体不会枯竭；由于水体不断地更新，因而水体不会出现贫营养化，也不会衰老化。在当前科技迅速发展、学生个性充分彰显的时代，大学英语教师更要积极投身于继续教育之中。大学英语教师除了可以继续攻读博士研究生外，还可以学习其他专业的知识，如教育学、心理学、哲学等，因为我们正处在现代科学一体化、学科交叉一体化的时代。所以我要充分利用"边缘效应"，大学英语教师除了要学习本专业之外的其他专业知识外，还需要去国内外其他高校进修学习。

（4）制定出严格的奖惩制度

近来高等院校在人员聘任、职务晋升、职称等方面制定出了相对详细的工作制度和规定，但是，在奖励和处分方面的制度建设相对比较薄弱。为了有效激发教师的教与学生的学的积极性与主动性，这就要求学校相关部门制定出一套有针对性的奖惩制度。对于业绩较好的教师，给予更多去国内外进修的机会。把接受单位的办学理念、教学思路、知识结构带回原单位，从而带动本单位教学质量及学术水平的提高。

第三节　多元英语教学评价体系的生态位影响

现代教育提倡由被动接受的学习方式转变为主动发现的学习模式。教学模式改革成功的一个重要标志就是学生个性化学习方法的形成和学生自主学习能力的发展。大学英语是一门公共基础课程，学生涵盖多个专业，故大学英语课程具有广泛性、基础性和通识性。在大学英语教学中大学英语教师借助微课拓宽学生的生态位具有重要的意义。义务教育英语课程标准的基本理念包括以下六点：第一，面向全体学生，注重素质教育；第二，整体设计目标，体现灵活开放；第三，突出学生主体，尊重个体差异；第四，采用活动途径，倡导体验参与；第五，重视过程评价，促进学生发展；第六，开发课程资源，拓展学用渠道。

当前英语教学中教师讲得多，学生说的机会少。大部分情况下教师依然是课堂的主宰者与调控者，学生习惯于静听与低头做笔记，这在一定程度上阻碍了学生英语学习能力的发展。21 世纪以来，伴随着信息技术、网络技术的发展，"互联网＋"时代的教育已经不再是传统的一所学校、一位老师、一间教室、一张网、一个移动终端，而是几百万学生，微课、慕课、翻转课堂、手机课堂。尤其是在教育领域中，以微视频为核心的微课教学，能够有效改善当前的教学弊端。

英语教师借助"互联网＋"时代提供的新兴教学资源（微课、慕课、微信等）及多元教学评价体系进行英语教学时，能够有效地把学习的主动权交还给学生，帮助学生"主动寻找问题""主动汲取知识""主动深入探析问题的答案和解题过程"，从而提升学生主动参与学习的积极性，活跃学生的思路，增强学生学习的兴趣，从而提高学生分析解决问题的能力以及口头表达的能力。学生从以往简单的"信息接受者"变为主动的"信息发现者""思维历练者""问题思考者"。在进行"微课"教学过程中，有目的地解析学生在思维中所出现的问题，不但可以丰富教学手段，有针对性地解决在教学中出现的难点问题，还会有效拓宽学生的生态位。

一、生态位态势理论

生态位是生态学中的一个重要概念，是指生物单元在特定生态系统中与环境相互作用过程中所形成的相对地位与作用。生态位包含两个方面：一是生物单元的状态（能量、资源占有量、适应能力、科技发展水平等），是过去生长发育、学习、社会经济发展以及与环境相互作用积累的结果；二是生物单元对环境的现实影响力和支配力，如能量和物质变换的速率、生产力、增长率、占据新生环境的能力。这两个方面的综合，共同体现了特定生物单元在生态系统中的相对地位与作用。

二、英语教师与英语学习者的态和势及其测度

英语教师的生态位具有态和势两个方面的属性。"态"是指教师的教学状态，是一种历史积蓄，是教师在过去所受到的教育和在教学实践过程中与教学环境相互作用积累的现实的竞争能力。"势"是教师对教学环境的潜在的影响能力，它决定着教师教学能力的未来走向。学生的生态位就是学生在教育生态系统中与各层级环境相互作用过程中所形成的相对地位和作用。学生的生态位具有态和势两个方面的属性。"态"是指学生的学习状态，是一种历史积蓄，是学生在过去所受到的教育和在学习过程中与学习环境相互作用积累的现实的竞争能力。"势"是学生对学习环境的潜在的影响能力，它决定着学生学习能力的未来走向。

第八章　互联网背景下大学英语教学其他方面的创新

随着互联网技术与大学英语教学的深度融合，出现了很多创新的方法与技巧，如课程思政教学、生态教学、跨文化交际教学、ESP 教学。同时，大学英语教学的创新发展也离不开教材的创新。基于此，本章对这些层面展开探讨。

第一节　生态教学的创新

一、什么是生态课堂

生态课堂是从生态学的视角出发，对生态状态下的课堂加以研究的学科，其强调教师、学生、教学信息与组织、教学环境、教学评价等环节要实现和谐统一，是对师生关系、课程结构等进行的新型建构，是一种各个环节之间彼此联系与和谐共生的教学形态。

教育要以人为本，因此英语生态教学也应该这样。人的生命发展具有多元性，而学生个体的发展具有多样化，这包含了他们身心和谐的发展、个人的求知欲、与他人和谐相处的能力等。

二、英语生态教学的理念

无论对教师还是学生而言，英语生态课堂都是一个全新的教育观念，需要每一位教师付出自己的心血来经营和追求。构建一个完整的英语生态课程系统十分困难，包含创设课堂环境、和谐师生关系、加强课堂互动、构建多元评价机制等。

（一）创设和谐生态课堂环境

对师生而言，课堂是他们演绎生命意义的舞台。创设一个和谐的课堂环境，是师生完整生命能够自由成长的基础与前提。生态课堂创设不仅涉及物理环境的创设，而且涉及文化环境与心理环境的创设。

1. 物理环境创设

英语生态教学中生态课堂的物理环境，是由自然环境和一些教学设备构成的，自然环境包含照明、光线、噪声等，教学设备包含教师布置、书桌布置等。这些在课堂教学互动中发挥着不同的生态意义与功能。

（1）适当的光线和照明

在课堂中，适当的照明与光线对于教师和学生都具有重要作用，尤其是对学生的健康与心理等。例如，如果光线太弱，那么学生在学习中就会感到视觉疲劳，甚至产生厌倦心理；如果光线太强，那么学生就会受到过度的刺激，对健康产生影响。

（2）降低噪声

噪声会对人的生理机能产生影响，这是不容置疑的，而且会让人感觉到非常不舒服，也会影响学生的心理，如使他们感到焦虑，记忆力下降，甚至思维变得迟钝等。在教室中，噪声大小与教室位置、班级学生密度有关，与位于城市的位置有关。也就是说，班级人数多，那么噪声就偏大；距离城区越近，噪声就越大。

另外，学生对噪声的承受能力会因为个性、性别等产生差异。因此，要想构建一个英语生态课堂，首先在位置上要远离城市中心或者喧嚣的地方。其次，对于班级的规模也应该予以控制。一般来说，公共英语的班级较大，教师应该根据具体的情况，对不同形式的教学活动进行安排，从而减少噪声的影响。

（3）布置教室

作为课堂活动的场所，教室的教学设备、内部构架等都需要精心的设计与安排。教室内课桌的摆放以及墙壁等的布置整洁干净，会让师生感觉舒适与愉悦。

形状不同的教室，其有着不同的优点。一般来说，梯形的教室适合讲座，长方形的教室适合课堂讲授，因为这样的教室便于安排座位；圆形的教室适合小组交流与讨论，这样座位的布置也是圆形的。

2. 文化环境创设

在英语生态课堂中，文化环境包含物质文化环境与精神文化环境两类。前者指的是符号化与物化的结果，属于一种表层的文化环境；后者指的是态度、情感等，属于一种深层的文化环境。

在英语生态课堂中，物质文化包含课本、教室、教学设备等硬性文化，或者可以称为显性文化，这些文化会对人的行为产生潜移默化的影响，因此在创设生态课堂文化时，需要调动各种物质文化的积极性，如班训、班报等，这样可以使课堂更富有气息等。

生态课堂中的精神文化环境包含学生个体的思想与个性发展、学生群体的精神风貌与其他学生之间的关系、师生关系等，这种文化是隐性的，属于一种软文化。对生态课堂中精神文化环境的创设需要将课堂中各个力量凝聚起来，形成具有特色、集体观念的生动课堂。

3. 心理环境创设

在英语传统课堂中，很多学生受学业压力的影响，存在一定的心理问题。因此，为了减轻学生的压力，教师需要综合考虑学生的健康情况，为学生创设一个自由、轻松的环境。

首先，家长要转变教育观念，对孩子的期待也要有一个限度，不能给孩子施加过多的压力，这样才能让孩子成为一个健全的人，而不仅仅是一名"好学生"。

其次，教师要做到以德育人、以理服人、以知教人，做到与学生和谐共处、平等相待。

最后，学校应该设立心理辅导课，发现学生的各种心理问题，并给予恰当的解决方法。

（二）确立民主平等的师生关系

在英语生态课堂中，要保证师生关系的民主与平等，可以考虑从如下两个方面着手：

就教师层面来说，应该充分考虑学生的实际需求，每一位学生的问题都要认真对待，发挥学生的主动性与积极性，尊重每一位学生的人格与个性发展，并多与每一位学生交流，真正地了解每一位学生的情况。

就学生层面来说，应该充分尊重教师，积极接受教师的指导与帮助，在日常学习中也要积极地配合教师。

总之，师生之间应该建立一种平等对话的关系，彰显课堂的活力，彼此之间没有压力与猜疑，共同探讨与研究，学生可以畅所欲言，从而使课堂呈现一种和谐之美。

三、英语生态教学的模式

英语教学植根于中国社会文化语言生态环境，学生需要将英语语言知识作为载体，英语教师充当引导者的身份，帮助学生在对英语语言文化了解与接受的基础上，对语言概念体系加以构建，从而培养学生语言与思维"天人合一"的思维方式，促进他们形成和谐、统一、动态的交往模式。

英语生态教学模式下的教学环境不仅涉及课堂教学环境，而且包含学校环境、社会语言学习环境等，但是课堂教学环境占据主要位置。

英语生态教学是集整体性、系统性、动态性、协调性为一体的一种教学模式，其从多个视角对教师、学生、语言、语言环境的作用进行分析和研究，并探讨了这些层面对语言习得的影响。因此，采用突现理论对语言生成进行整体的认识，采用多维时空的流变性对语言学习过程进行研究，采用符担性对语言学习与环境之间的关系进行探讨，这样才能对英语生态教学与研究产生全面的认识，也才能更好地指导英语生态教学。下面就从这几个层面入手进行分析：

（一）生态语言生成观——突现论

近些年，"突现"已经成为语言学研究、复杂性科学研究热点话题。美国圣菲研究所最著名的就是对复杂性科学的研究，他们在研究中提出：复杂性实际上就是一门与突现有关的科学。2006年12月，国际权威期刊《应用语言学》（*Applied Linguistics*）出版了一个突现理论专刊，这就意味着这一理论开始进入语言学研究的范畴。但是，当前对于"突现"的概念还没有一个明确的解释。

语言是一个复杂性、动态的系统突现的特征的集合，语言学习是特征突现的表现。语言这一系统在人与世界的交往互动中生态地形成，并且是一个在不同集合、不同层次、不同时间相互影响、相互作用、相互适应的复杂系统。其中不同的集合包含网络、个体、团体等，不同层次包含人的大脑、身体、神经等，不同时间包含新生、进化、发育等。

（二）生态语言学习过程观——多维时空的流变性

一般来说，空间包含长、宽、高三个维度，时间包含过去、现在和将来三个部分。对于空间维度，人们是非常熟悉和了解的，但是对于时间维度，可能还未引起人们的重视，因为人们常常使用自然时间对人文时间、心理时间进行遮蔽，实际上，无论是人文角度，还是心理角度，都能够体验到现在、过去和将来，也能够对三者的区别与联系加以确认。

如果离开了过去、现在和将来，那么时间流程和时间观念就没必要提及了。从人文时间中的历史时间来说，可以划分为古代、近代、现代、当代，有些人也将当代称为后现代，但是后现代并不是时间概念，而是一种价值取向。人文社会科学不仅涉及过去与现在，而且还会谈论到未来，如人类学、历史学等都是对人类文化、历史等的未来进行预测与预期，而新兴学科"未来学"更是以未来作为时间坐标。

就心理时间来说，现在往往与目前、当下、此刻等有着密切的关系，过去往往与回顾、回忆等心理活动有关；未来往往与期望、预测等心理活动有关。

普通语言学的研究一直都以时空语言研究为重点，但是自从索绪尔提出历时语言学与共时语言学之后，语言学对时空的理解都存在一定程度的偏差，因此有学者将时空观念引入语言学研究之中，便于人们从时间与空间视角对语言系统进行整体性理解。在时空观念之中，时间与空间被认为是概念的存在，而这一概念只能从语言系统整体性生态存在中获知与体现。

通过这一观念对语言加以认识，可以帮助人们追溯语言及其语言流变，进而将语言时空结构统摄下的语言特点揭示出来，以语言流变所展现的时空特征对其过程状态加以解析，从而理解与探析语言整体状态。

英语生态教学观从时空观的视角出发指出，语言学习在时间上的流变性较为明显，如现时语言学习模式必定是以前学习模式的复制与改造，同时对语言形成的经验与思维加以学习，构建以后语言学习的经验与思维。这样，以后的心智结构投射能力必然是与当前的经验与思维相关。

（三）生态语言学习者与环境关系观——符担性

众所周知，afford 的含义是买得起、花费时间与金钱等，但是该词只能表达能力，而不能传达意愿。吉布森在对自然界中生物的知觉行为加以探索的过程中，发现动物与栖息环境的共存关系，当然这是从生态心理学角度出发进行考虑的，企图解释动物如何通过知觉判断供给它们生存的食物、环境与水源，并能够根据这种知觉判断采取一定的行动，实现真正的繁衍生息。

但是，对于环境与特定动物之间的特定关系，并没有专有的名词去阐释它，因此吉布森提出了"符担性"这一名词。之后，很多学者对符担性进行了研究和探讨。

故此，现代语言教学应该从对语言输入的强调转向对语言符担性的注重。因为从语言输入的理论考虑，语言仅被视作固定的语码，而学习仅仅被认为记忆的过程，从而将学习者对语言符担性的生态理解予以忽视。符担性的内涵即所谓的潜在意义。意义并不是在潜在行动中隐藏的，而是行动与行动者从对环境的理解与感知的基础上体现出来的。

四、英语生态教学的优化策略

（一）英语生态教学的优化原则

英语生态教学的优化需要按照一定的原则展开，从而明确优化目标。具体来说，需要坚持如下几项基本原则：

1. 稳定兼容原则

随着信息技术逐渐融入英语生态教学之中，必然会对一些教学环境产生干扰，进而影响系统内部各个教学要素的关系。这时候，本身兼容的各个要素之间也会因为新要素的引入呈现不和谐现象，这时候就要求教师、管理人员、学生等都进行一定程度的改变，从而促进信息技术与各个要素之间的融合与发展。就教学管理层面而言，要改变传统的管理模式，给予教师充分的知识，优化教学的环境，进而使信息技术与各个要素更好地融合与发展。就教师层面而言，教师要不断转变自身角色，不能仅作为分析者与讲解者。就学生层面而言，学生也应该发挥自身的主动性与积极性，从而主动探究知识。

可见，只有各个要素在自己的生态位上发挥应有的作用，才能实现兼容，才能保证教学结构的稳定与平衡。

2. 制约促进原则

信息技术的介入使学生能够自主学习、个性学习。实际上，在教学中出现明显的信息技术误用情况，如对信息技术的过度使用、滥用、低值使用等，这些误用对学生的个体发展是极其不利的，普遍导致我国学生的自主学习能力与应用能力下降。信息技术的使用要考虑具体的教学目标，以学生为中心，运用恰当的方法，不可过度使用，也不能不使用，从而促进学生的发展，保证各个要素都能在各自的生态位上发挥作用，并且相互依存。当然，功能的发挥需要设定在一定的范围内，不能随意扩大，也不能丧失它们的作用，要综合看待各个要素的功能，从全局出发进行把握，同时也不能失去微观意识。

总而言之，制约是为了更好地促进，促进又是合理制约的结果，这样英语生态教学才能更自然地进步与发展。

3. 可持续发展原则

英语系统是高等教育的一个生态系统，应该坚持可持续发展原则。而社会的可持续发展主要归结于人的可持续发展，因此英语生态教学的发展也必然依赖师生的这些教学主体的可持续发展。就学生而言，要想培养学生的可持续发展能力，教学的目标不仅在于知识的传授。

现代教育包含四大支柱：教会学生认知、做事、共同生活、生存。学生的能力也是随着这些理念逐渐发展起来的。英语教学改革的目的在于提升学生的英语学习可持续发展能力。这种能力指的是学生在阶段及以后的学习和生活中，应该不断完善自我，不断发展。

从学科性质上说，这种能力指的是学生自主学习与自觉学习的能力。教师应该对学生的个性特点予以尊重，发挥学生学习的积极性与主动性，培养他们的探索意识与自身潜能，完成教学实践。

从教师层面上来说，要想实现教育的国际化，教师也需要遵循可持续发展原则，即如果仅仅是一些传统的教学理念，显然不能满足当前教学的需求，因此教师应该考虑国际化的形式，努力拓展自己的视野，拓宽自己的知识领域，培养自身的学术能力与思辨能力。

但是需要指出的是，教师、学生与其他生态因子都是教学生态系统可持续发展的重要组成部分，因此这些因子之间不能损害各自的利益，任何一个因子的缺失都会影响其他因子的发展，影响稳定性与和谐性。

（二）英语生态教学的优化策略

英语生态教学系统的优化需要在坚持上述原则的基础上，结合各个生态因子之间的关系，采用恰当的优化策略。当然，这是一个复杂的过程，在这一过程中，需要以教师作为突破，因为教师在英语生态教学中的作用非常关键，教师教学的态度、理念等如果发生改变，那么就会影响具体的教学情况。因此，只有保证教师的生态化发展，才能保证教学的优化。具体来说，需要从以下几点做起：

1. 促进教师的生态化发展

教育是国家大计，只有拥有好的教师，才能搞好教育。因此，要努力打造一支技术精湛、道德高尚的教师队伍，这是当前教育改革与发展的重要目标。

就教育生态学而言，教育生态系统主要由教师、学生、环境等构成，在这一系统中，教师是一个完整的生态主体，其对整个生态系统起着非常重要的作用。教师与其他环境之间要多进行能量与物质上的转换，因此其生存、发展必然是周围环境相互作用的结果。同样，英语教师在整个生态教学系统中也发挥着巨大的功能，教师的行为、理念等会对学生、教学等其他因子产生巨大影响。当然，要促进教师的生态化发展，需要做到以下两点：

（1）优化教师的生态位

在教育生态系统中，各生物主体之间与环境间既是直接又是间接的关系，这种关系可能是竞争关系，也可能是共生关系，他们共同对系统中的资源进行消耗。在系统中，每一个生物主体的位置都是特定的，这就是所谓的生态位。在生态环境中，教师要服从学校的各种要求与规则，从而保障生态系统的稳定，同时还需要不断发展自我，不断适应变化的环境。显然，教师几乎与系统中的各个部分都存在着密不可分的联系，生态位在其中起着中介的作用。

在英语生态教学中，教师需要明确自己的地位，以学生作为中心与出发点。在信息技术背景下，教师需要有强大的适应能力。可见，教师是信息技术与英语生态教学整合的关键层面，对英语生态教学的发展起着十分重要的作用，并且随着环境的改变而不断发展与完善。

（2）提高教师的专业素质

一名合格的英语教师需要具备如下专业素质：

第一，专业知识扎实，专业技能充足，即词汇、语法知识与听、说、读、写、译能力。

第二，人品修养较高，个人性格要好，要有好学、谦虚等品质。

第三，现代语言知识具有系统性，也就是英语教师要系统了解语言的本质与规律，并能够用语言知识对教学进行指导。

第四，外语习得理论知识要把握清楚，尤其是要了解外语习得与外语教学的特殊性质。

第五，掌握一定的教学法知识，将教学法的优劣把握清楚，并取长补短。

当然，进入21世纪，除了具备上述素质外，教师还需要具备信息技术知识，不断转变自己的观念，提升自己的专业素质，从而向生态化方向发展。从内部来说，教师需要培养自身的反思精神，从外部来说，教师需要创建外在生态学习网络，通过参与和分享，不断提高自己的科研意识与水平，实现英语知识结构的更新，促进个人生态的进步与发展。

2.建立和谐的师生关系

英语生态教学系统是相互联系的整体，在这一整体中，师生之间通过不断的交互，构成一个整体。在英语生态教学中，师生无疑是最重要的关系，是一种和谐共生的关系，他们通过交流与对话达成一致，教师以特殊的方式对自己的灵魂进行塑造，学生在教师的心里留下印记。

美国人本主义心理学家逻辑思维指出师生关系的三个要素。

第一，真实，即真诚，要求师生之间在交往时坦诚相待，诚实表达自己的观点与看法，教师不能将自己的意愿强加给学生。

第二，接受，即教师要相信学生能够进行学习，接受学生遇到问题时的那种犹豫和恐惧，同时要接受学生的冷漠。

第三，移情性理解，即教师要对学生的内心世界、生活环境等有所了解与把握，从学生的角度看待问题，真心地为学生着想。

可见，师生之间的交往活动不能仅依靠教师的话语来实现，还要与学生紧密联系，如果没有学生的发展，教学的价值将荡然无存。英语生态教学不仅是为了传输知识，而且还是师生之间情感的互动，而要想实现教学目标，这样的互动是分不开的。

英语生态教学属于一种人文教学，即培养素质与人格的过程。就语言学习层面来说，学是首要的任务，而不是教，因为学习的过程就是在教师的指导下传递情感与信息的过程。师生之间要建立和谐的关系，需要做到如下几点：

首先，师生之间的地位要平等。这是开展课堂教学的必要前提条件，也是英语生态课堂的基本特征与心理环境，能够保证课堂生态系统的平衡，激发学生学习的动力与积极性。在英语生态教学中，师生这两大教学主体是有思想、有感情的人，彼此作为独立的生态因子，应处于平等的地位。

其次，师生之间要不断增进交往，拉近彼此之间的距离。由于中国学生谦虚、不张扬的性格使得他们很少与教师展开交流，教师上课来下课走的情况更使得彼此之间交流甚少，师生之间比较淡漠，缺乏互相了解，这让教学活动很难真正展开。既然学生不能主动找教师，那么教师就需要多和学生接触，努力创造了解每一位学生的机会和时间，使学生对教师产生依赖感与信任感，或者可以通过邮件或者 QQ、微信等进行交谈，这样避免了面对面的交谈，也使得学生减少一些尴尬。

3. 转变教学环境中的限制因子

教育生态学中的限制因子定律具有自身的特殊性。在教育生态学中，所有的生态因子都可能被认为是限制因子，当某些生态因子的量比临界线低时，就可能出现限制作用，但是当某些生态因子的量比临界线多时，也可能会产生限制作用。教育生态系统中的有机体不仅对限制因子的作用具有适应性的作用，而且能够采用恰当的方法，创造条件对限制因子进行转换，成为非限制因子。这一定律对于英语生态教学是非常适用的，即在英语生态教学之中，每一个生态因子都可以进行转换，限制因子也同样可以转换成非限制因子。

教学生态系统即将复杂人际关系包含在内的系统，是一个集合智力、非智力等因素的系统，也是一个复杂的信息管理系统。要想对英语生态教学过程中的失衡现象加以调节，不断提升英语生态教学的质量，就需要明确这些限制因子，并将它们找出来并加以改善，只有找准这些因子，才能对其进行转化。当然，要想找到这些限制因子，首先就需要进行观察，要认识到这些限制因子的限制界限，以及这些限制因子是如何阻碍教学发展的。

就目前的英语生态教学而言，教师需要从当前形势出发，使用信息技术展开教学，当然使用信息技术并不是说过多使用信息技术，要把握好使用的度。实际上，信息技术就是一种限制因子，因为如果学生不能进行网络自主学习，也同样对其自身发展不利。

当然，只找到限制因子还不充足，还需要将这些限制因子转变成非限制因子，这样才能将这一复杂过程进行简化，发挥师生的主观能动作用，加强交流与合作，创造有利条件，消除限制因子的不利方面，推动英语生态教学健康、和谐的发展。

4.构建开放和谐，多维互动的语言环境

在生态环境系统中，生物并不是孤立的成分，而是与其环境有着紧密的联系。环境对生物产生影响，生物也会对环境产生影响。受生物影响发生变化的环境又可以对环境产生反作用，二者是不断协同进化的过程。因此，在英语生态教学中，要对自然、社会中的物质环境、人文环境展开分析和探讨。

课堂是教学的主体，是教师、学生与环境组成的基本系统。英语生态课堂的物质环境不仅对师生的身心健康产生影响，而且还会对学生自主学习能力的发展产生影响。因此，课堂良好的物质环境能够使课堂更有活力。英语生态教学的课堂可以被认为是一个小的自然生态系统，其不仅需要广阔的场地，而且还需要光线、温度等因素，还不能有噪声的影响。只有这些物理环境达到标准，才能实现彼此之间的协调。同样，教室内座位的编排也是非常重要的，因为在课堂这一系统中，需要时时刻刻地交互活动，这样才能保证课堂的动态性。

构建开放互动的语言环境，还需要为语言学习营造良好的氛围。在英语生态课堂上，只有愉快、和谐的氛围才能让学生在学习的过程中得到解放，

才能将自己生命的活力展现出来。在具体的教学过程中，教师应该考虑英语学习的特点，通过演讲、小组活动等为学生创设语言交际的情境。

语言学习并不是将知识机械地传输给学生，而是多种因素综合的结果和行为。用语言展开交际是语言学习的目的，其需要语言来参与其中，因此教师需要从教材出发，做到将教材中的教学情境真实化，这样才能让知识的教授更加生动。当然，在英语生态教学中，还需要为学生创设轻松的心理环境，这样有助于师生之间的交往，促进班级的和谐，教师要为学生打造一种有助于互动的班风，从而打造有助于多维互动的心理环境。

第二节　跨文化交际教学的创新

一、什么是跨文化交际

跨文化交际这一现象并不是近期才出现的，而是自古有之。随着人类不断进步，跨文化交际的内容、形式等也在不断改变。在当今时代，跨文化交际的手段和内容变得更为丰富。通过跨文化交际，国与国之间可以相互交流，这种交往的过程是十分复杂的过程。

虽然交流的时空距离在不断缩小，但是人们的心理距离、文化距离并没有随之缩小。由于受文化取向、价值观念等的影响，文化差异导致了一些冲突和矛盾的出现，不同文化背景下人们的交流面临巨大的障碍。解决这些障碍，对跨文化交际进行研究是十分必要的。

"跨文化交际"一词是由著名学者霍尔（Hall）提出的，常用 cross-cultural communication 或者 Intercultural communication 这两个意思相近的词来表达，即指代的是一些长期旅居国外的美国人与当地人之间展开的交际。但是，随着跨文化交际的深入，其定义变得更为广泛，指的是不同文化背景下的人们之间展开的交际活动。

现如今，很多人将跨文化交际定义为来自不同背景的人们之间，通过语言来实现信息的交流与共享的过程。

二、跨文化交际的影响因素

(一) 心理因素对跨文化交际的影响

心理因素指运动、变化着的心理过程，例如人的感觉、知觉和情绪等，它们往往被称为事物发展变化的"内因"。广义地讲，人的心理因素包括所有心理活动的运动、变化过程。具体来讲，人的心理因素主要包括两种：积极心理因素与消极心理因素，它们是相互排斥的。积极的心理因素对跨文化交际起着促进作用。在当今经济全球化条件下，跨文化交际日益频繁，其本身的作用也日益重要。不同文化背景下的人们在交际中只有具备相应的心理意识，才能使跨文化交际顺利进行。

消极的心理因素对跨文化交际具有阻碍作用。跨文化交际过程中，潜在的障碍主要来自交际团体和个体间的心理取向。定式、民族中心主义、偏见、寻求相似性、普遍性假设等因素都会影响交际的顺利进行。只有交际主体提高对文化差异的认识，以尊重、平等、开放、包容的心态进行交际，才能获得跨文化交际的成功。普遍性假设也是跨文化交际的阻碍性因素之一。有些人认为自己与另一文化的人们有很多相似性，并以自己怎样看待事物为基础，去假设自己也知道别人的思维方式。这种假设会导致出现沟通障碍，甚至引发冲突。

(二) 环境对跨文化交际的影响

跨文化交际研究的重点是文化差异，而文化差异主要源于其所处的环境不同。环境包括因文化本身所造成的生理环境、心理环境、社会环境、自然环境以及具体的语言环境，环境因素对于跨文化交际的影响无处不在。

交际的物理环境对于交际的影响是非常明显的。人们在社会化的过程中学会了在什么样的场景下说什么样的话、怎么说、不说什么，等等。行为的场合具有一种约束力，人们对具体场合中什么是恰当的行为存在共识。在跨文化交际中，对于某一个具体环境，不同的文化会有不同的反应。如中国学生上课的教室环境要求与美国教室的要求完全不同。社会环境被人们所塑造，但是又反过来影响人们的生活方式、价值观、思维方式等，所以对跨文化交际来说也产生了至关重要的影响。

（三）思维方式对跨文化交际的影响

语言是以特定的民族形式来表达思想的交际工具。思维通过语言来存在和交流，语言又与该民族的思维方式和水平相适应。不同的文化背景造成不同的思维方式，其理解方式也大相径庭，因而在跨文化交际中存在或多或少的障碍。

美国学者罗伯特·卡普兰通过对来自不同文化的学生作文进行分析发现，英语的篇章组织和发展模式是直线型，而东方语言则是螺旋型。前者表达和理解直截了当，由 A 即可推出 B；后者则拐弯抹角，借助于中转站 C 方可到达。就拒绝而言，前者直接一句"I'm sorry, but..."便了事；后者却会罗列一堆理由，摆出许多联系并不紧密的缘由，但终究未将"不"说出口，得靠听者意会。具有特定语言思维轨迹的人，习惯用一种特定的方式理解事物、分析事物。因此当西方人在用其固定的严密的逻辑思维推导汉语词句可能的意思时，将不可避免地遇到思维方式障碍，其主要表现在两个方面。

1. 用线性思维方式理解汉语词句的含义

所谓的"线性"思维，其主要特点是用一元一维直线思维处理各种问题，又称"直线思维方式"。多元问题一元化、复杂问题简单化；将问题的性质都看成非此即彼，凡事必须做出明确的"是""非"判断，非黑即白。这就难以避免主观性、绝对化和片面性。从某种程度上看，这是西方的严式逻辑推理思维，过度强调精确的外化。例如，中国人有时会说"你妈妈真年轻，就像你姐姐一样"。在我们看来这是明显地表示称赞对方母亲的年轻，而西方人则会认为这是显然地说自己看起来老于实际年龄。

2. 用主观性思维方式解释汉语词语的含义

主观性思维是使外部现实适应和服从自己头脑中的固有模式的思维习惯倾向。换言之，则是将外部事物强行融入自己的头脑模式，不管其正确与否。

例如，"韬光养晦"一词，美国国防部对"韬光养晦"所用英文为"hide our capabilities and bide our time"，意即"掩盖自己的能力，等待时机东山再起"。此后数年美国政府均采用同样的英文表述。另外还有一些英文书籍或文章译为"hide one's ability and pretend to be weak"或"conceal one's true intention"或"hide one's ambitions and disguise its claws"。以上解读显然没有正确地把握词语的真正含义。

诸如"韬光养晦"之类的包含着中国传统辩证思维的句词民谚，单纯用线性思维和主观思维是无法理解的。中西语言思维的差异致使对文本的理解有了阻碍。而线性思维方式与主观思维方式二者本无绝对区分。因此，当以线性思维看问题时就易陷入主观臆断当中；而主观思维反过来又促使线性思维直板、单一、片面的理解。对语言文化内涵的把握绝不可只限于从它产生的文化背景中了解它的一般所指，更关键的还在于能够从产生它的特定文化背景中去把握它所负载的、超出一般所指的特殊意义。

三、跨文化交际的要素

跨文化交际的过程是一个信息编码与解码的过程。这一过程是非常复杂的，同时会受到多种因素的影响和制约。其主要包含两大因素：一是言语交际因素，另外一个是非言语交际因素。下面就来分析和探讨这两大因素。

（一）言语交际

语言是人们进行交际的重要因素之一。语言跨越了人们的心理、社会等层面，与之相关的领域也很多。对语言进行研究不仅是语言学的任务，也是心理学、社会学等学科的任务和内容。因此，语言与交际关系的研究具有明显的跨学科性。

人具有很多特征，如可以制作工具、可以直立行走、具有灵巧的双手等，但是最能够将人的本质特征反映出来的是人的语言。人之外的动物也可以通过各种符号来进行信息的传递，如海豚、蜜蜂等都可以传递信息，但是它们所传递的信息只能表达简单的意义，它们的"语言"是不具备语法规则的，也不具有语用的规则。

人们往往通过语言对外部世界进行认识与理解。语言具有分类的功能，通过分类，人们可以对事物有清晰的了解与把握。人们的词汇量越丰富，他们对外部世界的认识就越清晰、越精细。

1. 言语交际的过程

人们在进行言语交际的过程中，往往存在一个信息取舍的过程。下面通过图 8-1 来表达言语交际的具体过程。

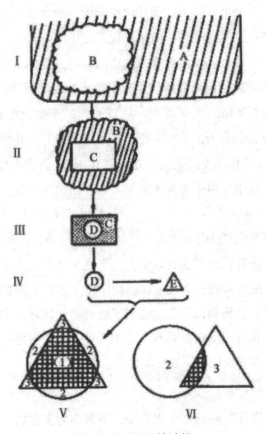

图 8-1 言语交际的过程

在图 8-1 中，A 代表的是人们生活的无限世界，B 代表的是人类的听觉、视觉、嗅觉、味觉、触觉这五种感官所能触碰到的部分，如眼睛可以触碰到光线的刺激，耳朵可以触碰到 20 万赫兹声。另外，当这些感官不能处理多个信息的时候，在抓住一方时必然会对另一方进行舍弃。不过，还存在一些不是凭借五感来处理的，而是通过思维和感觉的部分。例如，平行的感觉、时间经过的感觉就属于五感之外的感觉。人们在头脑中进行抽象化的思维，有时候与五感的联系不大。

C 代表的是五感可以碰触的范围中个人想说、需要注意的部分。D 代表的是个人注意的部分中用语言能够传达出来的部分，这里也具有一定的抽象性。例如，人的知觉是非常强大的，据说可以将 700 万种颜色识别出来。但是，与颜色相关的词汇并不多。就这一点来说，语言这一交际手段是相对贫弱的。同时，语言具有两级性，简单来说就是中间词较少。尤其是语言中有很多的反义词，如善—恶，是很难找到中间词的。我们这样想一下，我们通过打电话来告诉对方如何系鞋带、通过广播来教授舞蹈等，E 代表的是对方获取的信息，到了下面的第 V 阶段，是 D 和 E 的重叠，在重叠的部分，1 是指代能够传递过去的部分，2 与 3 是某些问题的部分，其中 2 是指代不能传递过去的部分，3 是指代发话人虽然并未说出，但是听话人自己增加了意义。在跨文化交际过程中，由于不同人的世界观、价值观不同，因此完全有可能形成 V 的状况。

总之，从图 8-1 中我们不难看出，从 A 到 E 下降的同时，形状的大小也在缩小，这就预示着信息量也在逐渐变小。这里面就融入了抽象的意义。在阶段 I 中，人的身体如同一个过滤器；在阶段 II 中，人的思维、精神等如同一个过滤器；到了阶段 III，语言就充当了过滤器。这样我们不难发现，言语交际不仅有它的长处，而且也具有了它的短处。为了更好地展开交际，就需要对言语交际的这一长处与短处有清楚的认识。

2. 言语交际的内容

在对跨文化交际影响的多个因素中，语言作为文化的重要表现，是跨文化交际的一大障碍。语言是人们对社会现实进行理解的向导，对人们的感知和思维有着重要的影响。无论是何种语言，都有其独特的语音、词汇、语法、语言风格等。对一门外语进行学习，对其语言习惯与交际行为的了解有着十分重要的意义。

（1）言语调节

语言并不是一个简单的交流工具，语言不仅是文化的载体，而且还是个人和群体特征的表现与象征。一般来说，能否说该群体的语言是判断这个人是否属于该群体的标志。同样，某些人都说同一语言或者同一方言，那么就可以很自然地认为他们都源自同样一种文化，他们在交流时也会使用该群体文化下的行为规范、价值观念、交际风格，因此也会让彼此感到非常轻松。正因为所说的语言体现出发话人的身份，而且人们习惯于与说自己语言的人进行交流，因此学外语无论在国内还是国外都热情很高，人们都想收获更多群体的认同。不仅如此，语言还标志着一个民族的文化独立与主权，其对一个国家或民族而言是非常重要的。统一的语言是民族、群体间的黏合剂，有助于促进民族的团结。更为有趣的一点是，人们对其他民族语言如此崇尚，往往会产生爱屋及乌的想法，对说这种语言的外国人会不自觉地流露出亲近与欣喜之情。

语言具有的这种个人身份与凝聚力预示着言语调节的必然性。所谓言语调节，又可以称为"交际调节"，即人们出于某种动机，对自己的语言与非语言行为进行调整，以求与交际对象建构所期望的社会距离。一般而言，发话人为了适应交际对象的接受能力，往往会迎合交际对象的需求与特点，对自己的停顿、语速、语音等进行稍微的调整。

常见的言语调节有妈妈言语、教师言语等，就是妈妈、教师等为了适应孩子或者学生的认知与知识水平而形成的一种简化语言。这属于一种趋同调节的现象，有助于更好地进行交流，达到更好的交流效果。当然，与趋同调节相对，还存在趋异调节，其主要目的是维持自己文化的鲜明特征与自尊，对自己的言语与非语言行为不做任何的调整，甚至夸大与交际对象的行为，这种现象的产生正是由于语言作为文化独立象征以及个人身份而造成的。或者说，趋异调节的产生可能是因为发话人不喜欢交际对象，或者为了让对方感受未经雕饰或者原汁原味的语言。总之，无论是趋同调节，还是趋异调节，都彰显了发话人希望得到交际对象的认同，通过趋同调节，我们希望更好地接近对方；通过趋异调节，我们希望能够保持一定的距离。因此，理想的做法应该做到二者的结合，不仅要体现出自己向往与对方进行交际的愿望，而且还要保证一种健康的群体认同感。

需要指出的是，在影响言语调节的多个因素中，民族语言活力有着非常重要的影响。所谓民族语言活力，即某一语言的社会经济地位，以及说这种语言的分布情况与人数等。如果一种语言的活力大，那么对社会的影响力也较大，具有较高的普及率，政府与教育机构也会大力支持，人们也会更加青睐。

这是因为，人们会将说这种语言的人与语言本身的活力相关联，认为这些人会具有较高的声望，所以愿意被这样的群体接受与认同。

在跨文化交际中，言语调节理论证明了跨文化交际与其他交际一样，不仅是为了交流信息与意义，而且更是个人身份协商与社会交往的过程。来自不同文化的交际双方在使用中介语进行交流时，还需要注意彼此的文化身份与语言水平，进行恰当的调节。

（2）交际风格

在言语交际中，交际风格是非常重要的层面。著名学者威廉·古迪孔斯特和斯特拉·廷图米（William Gudykunst & Stella Ting-Toomey）论述了四种不同的交际风格，即直接与间接的交际风格、详尽与简洁的交际风格、以个人为中心与以语境为中心的交际风格、情感型与工具型的交际风格。

第一，在表达意图、意思、欲望等的时候，有人会开门见山，有人却拐弯抹角；有人直截了当，有人却委婉含蓄。美国文化更重视精确，美国英语的运用在很大程度上与这一点相符。从词汇程度上来说，美国人常使用certainly、absolutely等这样意义明确的词汇。从语法、句法上来说，英语句子一般要求主谓宾齐全，结构要求完整，并且使用很多现实语法规则与虚拟语法规则。从篇章结构上来说，美国英语往往包含三部分：导言、主体与结论，每一段具有明确的中心思想，第一句往往是全段的主题句，使用连词进行连接，保证语义的连贯。与之相对的是中国、日本的语言，常用"可能""或许""大概"这些词，篇章结构较为松散，但是汉语中往往形散神不散，给人回味无穷的韵味。

英汉语言的差异，加上受个人主义与集体主义差异的影响，导致了英美人与中国人交际风格的差异。中国文化强调和谐性与一致性，因此在传达情感与态度以及对他人进行评论与批评时，往往比较委婉，喜欢通过暗示的手法来传达，这样为了避免难堪。如果交际双方都是中国人，双方就会理解，但是如果交际对象为英美人，就会让对方感到误解。因此，从英美人的价值观标准上来说，坦率表达思想是诚实的表现，他们习惯明确地告知对方自己的想法，因此直接与间接的交际风格会出现碰撞。

第二，不同的交际风格有量的区别，即在交流时应该是言简意赅，还是详细具体，或者是介于二者间的交际风格。威廉·古迪孔斯特和斯特拉·廷图米在对其他学者的研究结果进行研究的基础上指出，中东的很多国家都属于详尽的交际风格，北欧和美国基本上属于不多不少的交际风格，中国、日本等亚洲国家属于简洁的交际风格。这是因为，阿拉伯语言本身具有夸张的特点，这使得阿拉伯人在交际中往往会使用夸张的语言来表达思想和决心。例如，客人在表达吃饱的时候，往往会重复说"不能再吃了"，并夹杂着"向上帝发誓"的话语，而主人对"no"的理解也不是停留在表面，而是认为是同意。中国、日本作为简洁交际风格的代表，主要体现在对沉默、委婉的理解上。一般来说，中国的父母、教师属于说教者，子女、学生属于听话者。美国文化中反对交际中的等级制，主张平等，因此子女与父母、学生与教师都享有平等的表达意见的机会。

第三，威廉·古迪孔斯特和斯特拉·廷图米提出了以个人为中心和以环境为中心的交际风格。以个人为中心的交际风格是采用一些语言手段，对个体身份加以强化；以环境为中心的交际风格是运用语言手段，对角色身份进行强化。这两种交际风格的差别在于，以环境为中心的交际风格是运用语言将社会等级顺序进行反映，将这种不对等的角色地位加以彰显；以个人为中心的交际风格是运用语言将平等的社会秩序加以反映，对对等的角色关系加以彰显。同样，在日语中，往往存在着很多的敬语和礼节，针对不同的交际对象、交际场合、角色关系等，会使用不同的词汇、句型，并且人际交往也非常正式。如果是在一个非正式的场合，日本人往往会觉得不自在，在他们看来，语言运用必然与交际双方的角色有着密切的关系。与中国、日本的文化存在鲜明对照的是英美，英美文化推崇直率、平等与非正式，因此他们在使用语言进行交际时往往使用那些非正式的称呼或者敬语，这种交际风格表达是美国文化对民主自由的推崇。

第四，中西方交际风格的差异还体现在情感型和工具型的区别上。情感型的交际风格是以信息接收者作为导向，要求接收者具备一定的本能，对信息发出者的意图要善于猜测与领会，要能够明白发话人的弦外之音。另外，发话人在信息发送的过程中，要观察交际对方的反应，及时地改变自己的发话方式与内容。因此，这样的言语交际基本上是发话人与听话人之间信息与交际关系的协商过程。相比之下，工具型的交际风格是以信息发出者作为导向，根据明确的言语交际来实现交际的目标，发话人明确地表达自己的意图，听话人就很容易理解发话人的言外之意，因此与情感型的交际风格相比，听话人的负担要轻很多。可见，工具型的交际风格是一种较为实用的交际风格。

显然，上述几种交际风格是相互关联与渗透的，它们是基于不同的文化价值观建立起来的，其中影响力最大的是集体主义与个人主义的差异，其贯穿于社会的各个领域，并很大程度上决定着中西方文化的不同。

（二）非言语交际

言语交际是通过语言来展开交际的，而非言语交际是通过非言语交际行为展开交际的。非言语交际是言语交际的一种辅助方式，是常常被人们忽视的手法。但是，非言语交际在英汉交际中起着十分重要的作用，甚至有助于实现言语交际无法实现的效果。非言语交际包含多个层面，如体态语、副语言、客体语言等。

对于非言语交际行为，中外学者下了不少定义。

（1）将非言语交际定义为一种不运用语言展开的交际，这是一种笼统的定义。

（2）将非言语交际定义为不运用言辞来表达，并且被社会认可与熟知的一种行为，这是较为具体的定义。

对于非言语交际，一般来说主要包括如下几类：

1. 体态语

体态语又可以称为"身体语言"，身体各部分的器官运动、自身的动作都可以将感情态度传达出去，这些身体机能所传达的意义往往是语言不能传达的。体态语包含身势、姿势等基本姿态，微笑、握手等基本礼节动作，眼神、面部动作等人体部分动作等。

所谓体态语，即传递交际信息的动作与表情。也可以理解为，除了正式的身体语言之外，人体任何一个部位都能传达情感的一种表现。由于人体可以做出很多复杂的动作与姿势，因此体态语的分类是非常复杂的。体态语包括眼睛动作、面部笑容、手势、腿部姿势等。

（1）眼睛动作

眼睛是人类重要的器官，其是表情达意的重要组成部分，如愤怒时往往"横眉立目"、恋爱时往往"含情脉脉"等。在不同的情况下，眼睛也反映出个人不同的心态。当一个人眼神闪烁时，他往往是犹豫不决的；当一个人白别人一眼时，他往往是非常反感的；当一个人瞪着他人时，他往往是非常愤怒的等。

之所以眼睛会有这么多的功能，主要是因为瞳孔的存在。一些学者认为，瞳孔放大与收缩，不仅与光感有关，而且还与个体的心理活动有着密切的关系。当人们看到喜欢的东西或者感兴趣的事物时，他们的瞳孔一般会放大；当人们看到讨厌的东西或者不感兴趣的事物时，他们的瞳孔一般会缩小。瞳孔的改变会无意识地将人的心理变化反映出来，因此眼睛是人类思维的投影仪。

既然眼睛有这么大的作用，学会读懂眼语是非常重要的，同时要注意不要读错。例如，到别人家做客，最好不要左顾右盼，这样会让人觉得心不在焉，甚至心术不正。

需要强调的是，受民族与文化的影响，人们用眼睛来表达意思的习惯并不完全一样。

（2）面部笑容

笑在人的一生中非常重要。当人不小心撞到他人时，笑一笑会表达一种歉意；当向他人表达祝贺时，笑一笑更显得真挚；当与他人第一次见面，笑一笑会缩短彼此的距离。可见，笑是人类表情达意不可或缺的语言之一。

笑可以划分为多种，有大笑、狂笑、微笑、冷笑，也有轻蔑的笑、自嘲的笑、高兴的笑、阴险的笑等。当然，笑也分真假，真笑的表现一般有两点：一种是嘴唇迅速咧开，另一种是在笑的间隔中会闭一下眼睛。当然，如果笑的时间过长，嘴巴开得缓慢，或者眼睛闭的时间较长，会让人觉得这样的笑容缺乏诚意，显得非常虚假和做作。当然，笑也有一些"信号"。

其一，突然终止的笑。如果笑容突然终止，往往有着警告和拒绝的意思。这种笑会让人觉得不安，会希望对方尽快结束话题。但是，如果一个人刚开始有笑意，之后突然板着脸，这说明他比较有心机，是那种难缠的人。

其二，爽朗的笑。这是一种真诚的笑，给人一种好心情的笑，一般会露出牙齿、发出声音，这种笑会让对方觉得你是一个很好相处的人，很容易信任与亲近你。

其三，见面开口笑。这种笑是人们日常常见的，指脸上挂着微笑，具有微笑的色彩，这种微笑具有礼节性，可以使人感到和蔼可亲。无论是见到长辈、小辈，还是上级、下属，这种笑都是最为恰当的笑。但是需要指出的一点是，在笑的过程中要更加谨慎，其不是一见面就哈哈大笑，这会让人感觉莫名其妙，它是一种谨慎的、收敛的笑。

其四，掩嘴而笑。这种笑是指用手帕、手等遮住嘴的笑。这种笑常见于女性，显得较为优雅，能够将女性的魅力彰显出来。

由于文化背景的差异，不同国家的人对笑的礼仪也存在差异。在大多数国家，笑代表着一种友好。

（3）手势

手是人体的重要部分，在表达情意的层面作用非凡。大约在人类创造了有声语言时，手势也就诞生了。手是人们传递情感的行之有效的工具之一。一般情况下，手势可以传达的意思有很多，高兴的时候可以手舞足蹈，紧张的时候可能手忙脚乱等。

当一个人挥动手臂时，往往是表达告别之意，当一个人挥动拳头时，往往是表达威胁之意。而握手这样一个日常生活中普遍的动作，也能够将一个人的个性表达出来。

第一种类型是大力士型，其在与他人握手时是非常用力的，这类人往往愿意用体力来标榜自己，性格通常比较鲁莽。

第二种类型是保守型，这类人在与他人握手时往往手臂伸得不长，这类人性格较为保守，遇到事情时容易犹豫。

第三种类型是懒散型，这类人与他人握手时，一般指头软弱无力，这类人的性格比较悲观懒散。

第四种类型是敷衍型，这类人与他人握手是为了例行公事，仅仅将手指头伸给对方，给人一种不可信赖的感觉，这类人做事往往比较草率。

还有一种是标准的握手方式，即与他人握手时应该把握好力度，自然坦诚，不流露出任何矫揉造作之态。

（4）腿部姿势

在舞会、晚会、客厅等场合，人们往往会有抖腿、别腿等腿部动作，这些动作虽然没有意义，但是它们在传达某种信息。因此，腿在人们的表情达意过程中有着非常重要的作用。

对腿的动作了解是人们了解内心的一种有效途径。当你坐着等待他人到来时，往往腿部会不自觉地抖动，以表达紧张和焦虑之情。当心中想拒绝别人或者心中存在不安情绪时，往往会交叉双腿。

2. 副语言

一般来说，副语言又可以称为"伴随语言""类语言"，其最初是由语言学家特拉格（Trager）提出的。他在对文化与交际进行研究的过程中，搜集整理了一大批心理学与语言学的素材，并进行了归纳与整合，提出了一些适用于不同情境的语音修饰成分。在特拉格看来，这些修饰成分可以自成系统，是伴随着正常交际的语言，因此被称为副语言。具体来说，其包含如下几点要素：

（1）音型（voice set），指的是发话人的语音物理特征与生理特征，这些特征使人们可以识别发话人的年龄、语气等。

（2）音质（voice quality），指的是发话人声音的背景特点，包含音域、音速、节奏等。例如，一个人说话吞吞吐吐，没有任何的音调改变，他说他喜欢某件东西其实意味着他并不喜欢。

（3）发声（vocalization），其包含哭声、笑声、伴随音、叹息声等。

上述三类是副语言的最初内涵，之后又产生了停顿、沉默与话轮转换等内容。

3. 客体语

所谓客体语，是指与人体相关的服装、相貌、气味等，这些东西在人际交往中也有着非常重要的作用。从交际角度而言，这些层面都可以表达非言语信息，都可以将一个人的特征或者文化特征彰显出来，因此非言语交际是一种非常重要的媒介手段。

（1）相貌

无论是西方文化还是中国文化，人们对于自己的相貌都非常看重。但是在各国文化中，相貌评判的标准也存在差异，有共性，也有个性。

（2）饰品

人们身上佩戴的饰品本身并没有什么意义，但是出现在不同的场合，就是一种媒介和象征。

一般来说，佩戴耳环是妇女在交际场合的一种习惯。当然，少数的男性青年人也会佩戴耳环，以彰显时尚。

四、跨文化交际教学的现状

语言与文化有着密切的联系，因此在大学英语教学中融入文化有着非常重要的意义。在早期的大学英语教学中，跨文化交际教学的目的在于让学生理解目的语文化，因此教师教授的也多为目的语文化知识及其相关背景。随着研究的不断深入，跨文化交际教学的内容也发生了改变，将文化态度、文化观念等内容也容纳进去。这时跨文化交际教学的目标也相应发生了改变。

（一）频繁的跨文化接触

随着人类社会不断进步与发展，人类的生活向着更加开放的方向发展，不同国家、不同民族可能因为生存的需要，或者是因为偶然，彼此之间不断交往，并且这种交往变得更加频繁。因此，跨文化交际产生。如果人与人之间的交往是早期的交往形式，以民族化作为特征，那么国家之间的交往就具有国际化或者地域化的特征，从而逐渐转向全球化。随着当今科技的迅猛发展，不同国家与民族之间的交往更加频繁，这也成了推动民族兴旺发达的一项重要内容。因此，这也促进了从文化视角研究教学的可能性。

（二）文化碰撞实战演练较少

我国学生都是在母语环境下学习英语的，这种学习效果显然不如在目的语环境中学习。也就是说，我国学生在学习英语时由于缺乏外语学习氛围与环境，很少与异域文化进行碰撞与接触，这就导致他们的实战操练机会很少。

例如，很多学生在学习西餐时都会学习"开胃菜"这个词，背诵了几遍就记住了"开胃菜"的单词与意义，但是对于其到底是什么，很多学生并不清楚。但是，如果学生是在目的语环境下，他们只要参加一次，就很容易进行了解与把握。显然，外语文化环境的缺乏导致学生的英语学习事倍功半。

（三）教学中侧重语言学立场

所谓大学英语教学的语言学立场，即将外语作为一门语言知识来教授的教育策略。具体来说，大学英语教学的语言学立场主要教授给学生词汇、语法等语言知识与语言规则，忽视语言背后的其他内容的教授，外语教育中这种单一的语言学立场明显具有局限性。

1. 割裂了语言与文化的内在关联

众所周知，语言与文化联系密切，语言是文化的载体，文化是语言的灵魂。语言教育肩负着使不同文化得以传递、保存、发展的重要责任，因此英语教学是一种文化传播的过程与手段。

语言与文化具有同构性。从语言的形式构成来说，任何语言都是由语音、词汇、语法等要素构成的；从原因的形成来说，任何原因都是对特定价值观念、思维方式等的反映，每一种语言都与某一特定的文化相互对应，而修辞的运用、语言结构的选择、语言意义的生成等都会受到文化特性、文化价值观的规范与制约。因此，就本质上而言，语言的发展与传播反映的是文化思维方式、文化价值观念等的变革。就教育层面来说，语言学习的过程就是文化理解、文化传播的过程，也是促进学生思维方式与价值观念建构的过程。如果学生的语言学习离开了文化学习，那么学生学到的仅仅是语言符号，只能导致语言学习的符号化。

也有人认为，文化学习是源自语言学习的。但是如果把文化的东西简单地视作形式化的语言符号，那么文化学习就走向纯粹的语言符号了。传统的外语教育只注重语言形式的学习与技能培养，人为地将语言教学与文化教学割裂开来。这样很多学生即便学到了语言知识，能够说一口流利的语言，也很容易出现语用错误。实际上，任何知识都是由三个部分组成的：符号表征、逻辑形式与意义，而逻辑形式与意义不仅在符号表征中呈现，而且还在语言知识特有的文化元素中呈现。如果将语言的符号知识与其隐含的文化元素割裂展开教学，便是割裂了语言知识与文化内涵之间的关系，这样的外语教育显然也会失去文化立场。

2. 不利于渗透国际理解教育

与母语相比，英语教学为学生打开了另外一扇窗户，其能够引导学生了解另外一个民族的语言文字以及背后的文化与价值观念等，进而提升学生的文化理解力。尤其在当前经济全球化的时代背景下，英语教学需要确立一种开放的思维方式，引导学生逐渐形成国际理解力，但是英语教学这种单一的语言学立场显然并未认识到文化的重要作用，很难让学生认识多元的世界，形成一个开放的思维。

3. 不利于提升学生文化选择力、文化判断力、文化理解力

我国社会就文化背景的构成来说，虽然不像西方国家社会具有那么大的差异，但是内部也会存在一些文化传统。基于这样的现实，如何开展与文化模式相适应的教学呢？随着我国改革开放的推进，国际合作办学不断发展，很多城市开办了国际学校，招收不同国籍、不同种族、不同文化背景的学生，这必然对多元文化教育提出更高的要求。教师如果对不同的文化模式不了解，就很难驾驭多元文化教育课题要求，很难提升学生的文化选择力、文化判断力、文化理解力。

五、跨文化交际教学的创新任务

外语教育的文化立场作为外语教育的一种基本策略与思维方式，并不意味着在语言知识中简单嵌入文化因素，而是将语言知识与文化知识整合起来，更好地融为一体展开教学。显然，外语教育的文化立场的意蕴便显现出来。

（一）实现外语教育的文化立场转向

外语学习不仅是一种语言学习，更是一种对多元文化认识与理解的过程。单一的语言学立场容易造成语言与文化的分离。众所周知，语言与文化是并存、共生的，二者是密不可分的关系，语言是突出部分与表现形式，是文化的载体与产物。世界上没有不反映文化内容的语言，也没有与语言无关的文化。语言本身就属于一种文化现象。一个民族的文化在其民族语言中隐藏，因此语言结构具有民族文化的通约性。如果不了解语言中的社会文化，那么就很难真正地理解语言。因此，从本质上说，语言教学与文化教学有着密不可分的联系，语言教学本身应该将文化内容纳入其中来讲授。而且，学生通过对文化知识的学习，能够了解不同的思维方式与风俗习惯，拓展他们语言学习的知识面，提高自身的文化修养。

（二）克服单一的语言知识教学的局限性

外语教学不仅是一种文化教学，而且是跨文化视角下的文化回应性教学。所谓文化回应性教学，即要求在教学目标上培养学生尊重其他文化的态度与意识，帮助学生形成自身文化的自豪感与认同感，使学生能够从不同视角出发对同样的事件和经验加以审视与理解，提升自身对文化差异的鉴赏力。外语学习其实属于一种跨文化学习。外语与母语有着不同的价值观、不同的文化背景，因此在外语教育中，教师需要引导学生在了解语言符号知识的基础上，对不同的文化立场与文化背景进行认识和了解。同时，回归母语文化，对不同文化因素的差异性进行判断与理解，对人类共同的核心价值观进行识别，从而有助于培养学生形成尊重其他文化的态度，构建对自身文化的自豪感。

第三节　ESP 教学的创新

一、什么是 ESP

ESP 是 English for Specific Purposes 的缩写，也就是平常所说的"专门用途英语"或"特殊用途英语"，如旅游英语、商务英语、财经英语、医学英语、工程英语等。第二次世界大战以后，全球经济迅猛发展，科学技术日新月异，国际贸易、金融保险、邮电通信、国际旅游、科技交流等全球范围内的各种交往空前频繁。国际大交流呼唤一种能担当此重任的交流工具。由于种种原因，英语成了国际交往中的主要通用语言。随着经济和科学文化的发展，英语作为国际语言的地位正在日益提高，世界出现了学英语热。为了满足各类人员学习英语的需要，ESP 应运而生，学英语热的持续升温导致了 ESP 的迅速发展。

ESP 是一种目标明确、针对性强、实用价值高的教学途径。它有两个明显的特点。

其一，ESP 学习者均为成年人，要么是正从事各种专业的专门人才，如科学家、工程师、工业企业家、医师等；要么是在岗或者正在接受培训的各类人员，如从事商业、金融业、旅游业、航空、航海等行业的各级各类人员；要么是在校大学生，包括学习大学英语的非英语专业学生，也包括学习对外贸易、国际金融、涉外保险、国际新闻等课程但同时又学习英语的英语专业学生，还包括部分将来需要经常使用英语的中等专业学校（如对外贸易学校）或职业中学（如旅游职中）的在校学生。

其二，ESP 学习者学习英语的目的是把英语作为一种手段或工具来学习，以便进一步进行专业学习，如各类大学的非英语专业学生，或者是把英语作为手段或工具来学习以便有效地完成各项工作。ESP 的精髓是分析和满足不同学习者的不同需要，以提高教学效果。

二、大学英语教学与 ESP 理论结合的可行性

英语教学的最终目的在于让学生从对语言的学习转向对语言的使用，让学生在特定的职业中能够将英语运用得恰到好处。英语课程不仅需要打好语言基础，而且还需要培养学生实际运用英语语言的能力，尤其是运用英语进行日常处理与交流的能力。因此，大学英语教学必须从学生的学习需求与用人单位的需求出发，满足不同专业对教学的要求，培养出符合用人单位需要的专业人才。ESP 教学使语言教学为专业学习服务，这就说明在实际的工作中，学生需要了解各个专业的发展动态，让英语学习与具体的实践相连接。在大学英语教学中引入 ESP 教学，就是与相关的专业联系起来，这样培养出的人才不仅具有较强的外语能力，而且具有专业性。

ESP 教学是社会语言学给语言教育制定的高标准，也是社会实践的基本要求，运用专门用途英语理论指导大学英语教学是可行的。

（一）专门用途英语的教学原则符合大学英语教学要求

专门用途英语主要有以学生为中心、真实性、需求分析三大基本教学原则，专门用途英语的这三大教学原则也符合大学英语教学的要求。

1."以学生为中心"的原则

ESP 具有鲜明的目标性，其学习者多是成年人，并且这些成年人的时间是有限的，因此在教学中需要做到以学生为中心。ESP 教学以培养学生的交际能力为目标。

教学目标的确定、内容的选择和教学方法的采用，首先要考虑学生学英语的目的和原因，要由他们用英语进行交际的需要和学习需要来决定。虽然强调语言运用可以说明我们陈述教学目的，但在 ESP 教学中，我们关注的并不是语言的运用，而是语言学习。真正有效和可行的 ESP 教学途径必须建立在充分了解语言学习过程的基础上。这里"语言学习"指的是能使学生理解和产出规范语言的学习策略和教学方法。强调"语言学习"，实际上就是强调开展以学生为中心的各种教学活动。这一点与大学英语教学要求相匹配。大学英语教学要改变传统的以教师为中心的方式，在教学大纲和课堂教学等

方面都强调以学生为中心，设计多种形式的课堂教学活动，根据不同的课程需求、不同学生的语言水平采用灵活多样的课堂学习任务，让学生从做中学，提高学生自主学习能力和参与能力，充分激发学生的学习积极性，发挥学生的主观能动性，注重培养学生的语言实践能力及跨文化交际能力。做到让学生学一点，会一点，用一点，提高大学英语教学的效率。

2. "真实性"原则

真实的学习任务是体现 ESP 教学真实性原则的重要组成部分，真实性是 ESP 教学的灵魂。教材内容要来自与专业相关的真实语料，练习设计和课内外教学活动都应体现专用英语的社会文化情景。"真实的语篇"加上"真实的学习任务"才能体现 ESP 教学的特色。真实的材料包括科技杂志的文章、实验报告和产品使用说明等不同体裁的语料。真实性体现在阅读技能的训练、听说写等语言技能的训练以及学习策略和交际策略的培养上。大学英语教学也要求尽量使用和专业相关的真实的材料使学生的学习更有针对性和目的性，以便学生毕业后能尽快适应岗位工作，使大学教学更具有实用性。高校学生对目标岗位的真实任务和真实的材料都格外有兴趣，关注度也得到极大的提高。

3. "需求分析"原则

需求分析是制订 ESP 教学大纲、编写 ESP 教材的基础。在 ESP 教学领域，需求分析包含两方面的内容。

第一，分析学习者的目标需求，即分析学习者将来必然遇到的交际情景，包括社会文化环境、工作环境以及特定环境可能给学习者在未来工作中带来的特定心理状态等。

第二，分析学习者的学习需求，包括学习者缺乏哪些方面的技能和知识，哪些技能和知识应该先学、哪些应该后学，哪些是学习者喜欢的学习方法等。

学习需求分析还应包括对教学环境的考察，因为校园或课堂文化氛围、教师队伍状况、教学后勤工作等方面的因素也会间接影响教学需要。高校学生英语水平差距较大，应用能力更是参差不齐，所以大学英语教学强调以"实用为主，够用为度"，从学生的实际需要出发进行教学。根据不同学生的基础，设计、调整好教学层次，突出职业岗位的重点能力，有所侧重，并使学生的听说、读、写、译各项语言技能协调发展。大学英语教学课时安排非常有限，应结合学生的专业需求，教给学生最迫切需要的、必不可少的语言知识和技能。以最大限度地提高学生在校的学习效率。ESP 以需求分析作为教学的出发点和中心，分析和满足不同学习者的不同需要。通过"用中学，学中用，学用结合"，为高校学生高效地获取职业或专业所要求的语言交流形式提供一种可行的方法，适合高校学生的客观实际。

从以上内容可以看出，ESP 教学体现了语言教学和学习是为行业发展、岗位技能提高服务的，这些都大大提高了学生的学习热情。ESP 的教学原则与大学英语教学所提倡的尊重学生的学习个性和特点、一切以学生的真实需求为本的理念不谋而合，运用专门用途英语理论指导大学英语教学是可行的。

（二）专门用途英语的教学理念与未来大学英语培养目标一致

ESP 强调从专业的需求出发，探求一种英语与专业相结合的方式。它以实用为导向，与职业紧密结合，重视学生语用能力的培养。这与现阶段我国大学英语教学强调的培养与职业能力相匹配的英语使用能力这一目标一致。ESP 注重培养学生的交际能力，提高学生使用英语在目标岗位范围内活动的能力，培养能够在特定专业领域或行业领域内运用专业语言交际的专门人才。现阶段，我国大学英语的培养目标也是要培养学生在特定职业范围内运用这门语言的能力。ESP 目标的设置把"目标情景"分析或需求分析作为教学的出发点和中心，提炼出与职业或学术领域相适应的英语应用能力，然后整合词汇、语法、教法等教学因素，形成一个针对性特别强、以实用能力训练为中心的教学路径。现阶段大学英语教学以岗位所需英语为基本目标，培养学生在其将来的工作岗位上能够借助英语完成工作任务。由此可见，ESP 为我们提供了实现大学英语教学目标的可借鉴的观念和工具。

（三）高校学生具备接受专门用途英语教育的基础

ESP 学习者均为成年人，包括从事各种专业的高级人才、在岗或者正在接受培训的各类人员、在校大学生、中专生或职业中学的在校学生等。他们把英语作为一种手段或工具来学习，以便进一步进行专业学习，或者是把英语作为手段或工具来学习以便有效地完成各项工作。高校学生通过高中阶段的学习已具备了一定的英语语言基础，掌握了一定的语言共核部分，即不论学习对象将来从事何种工作，都必须掌握的语言知识。学生的词汇量、语法知识、文化背景知识和交际技能已经能够帮助其完成一般的交际任务，学生已经具备一定的接受 ESP 训练的能力。在此基础上开展 ESP 教学，传授略高于学生现有的知识，使他们在某一专业或职业上实现英语知识和技能专门化，让学生转入学习营销英语、金融英语、机电英语、物流英语等这些他们毕业后最可能从事的专业英语，有利于激发学生的学习兴趣。ESP 教学是通用英语教学的扩展和延续，是从基础英语能力的培养向英语应用技能培养的过渡。高校学生通过对专业英语的学习，掌握一定的专业词汇和会话，能阅读专业相关产品使用说明、操作指南，熟悉行业英语实用写作规范等，实际上是对其专业能力的加强和补充，是对学生终身学习和可持续性发展进行的铺垫。

（四）高校教师具备专门用途英语教师的潜质

从当前的通用英语教学过渡到标准的 ESP 教学还需要一个过程。专门用途英语教学需要培养的 ESP 教师队伍，既要有较高的英语水平，又要有一定的专业知识，是英语教师和专业教师的完美结合。高校教师具备专门用途英语教师的潜质，可以通过对已有的教师资源进行培训，来培养符合 ESP 教学要求的具有综合语言能力的教师。对具备良好的英语基础的英语教师进行专业培训，鼓励年轻的外语教师攻读其他专业的硕士学位，或对英语水平达到一定程度的其他专业的教师进行英语培训，不断壮大双师型教师队伍，使他们成为支撑 ESP 教学的第一代教师。同时，高校英语教师和专业教师加强业务合作，进行跨学科合作教学，弥补彼此的不足，不断提高教师队伍的素质，逐步建立起一支专业知识和英语知识都过硬的 ESP 教师队伍。目前，高校与企业产学研结合不断加强，高校英语教师的操作技能和动手能力在这个过程中不断提高，对于学科专业知识、发展趋势和企业岗位实践的深入了解，再加上扎实的语言基础知识，为 ESP 教学打下基础。

大学英语教学应考虑学生的学习需求，将学习基础语言与学习专业语言结合起来，教学重心需要从 EGP 教学向 ESP 教学方向转移。运用 ESP 理论指导大学英语教学是一次大的革新，也是大学英语教学改革的现实需要。

三、大学 ESP 课程理论的建构

大学 ESP 的存在形态是学科课程，是对学科教育内容的组织，以实现学科的教育目标。大学 ESP 的一个关键问题是课程中语言、教育学和内容三者之间关系的处理（图 8-2）。三者中哪个最为重要？应怎样将它们整合起来？这与课程相关方的语言学习观密切相关。

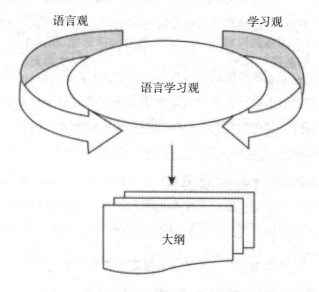

图 8-2　语言学习观与课程内容

此外，语言是为一定的社会生活情境服务的，大学 ESP 课程的整合建构也会受到社会因素的影响。

第四节　英语教材的创新

一、什么是英语教材

随着我国改革开放步伐的加快和中国加入 WTO，使用多年的这套教材反映出了"内容陈旧和忽视对学习者交际能力的培养"等问题。大学英语教材的发展体现出一系列的特点。一方面，教材不断地系统化、层次化、精细化和考试化。大学英语教材的编写从最初全国理工科通用的大学英语教材，到各具特色的大学英语教材；从以大纲为主要依据的教材编写，到结合其他教育政策以及考试大纲的教材编写；从注重培养阅读能力的教材，到各种能力分层培养、各种能力同等重要的教材，这一系列发展变化与大学英语的发展、社会发展、学生英语水平的提高等是分不开的。另一方面，教材在内容、题材和体裁上发生了变化。经过几十年的发展，大学英语教材内容不断丰富，题材和体裁更加多样。逐渐涵盖到社会生活的各个方面，在教材分层次、分能力训练的同时，也更加注重教材的体系性、整体性与一致性。

二、英语教材的开发要求

英语教学的跨文化转型对英语教材开发提出了新的要求，不仅要求英语教材符合外语教材的基本特征、基本编写原则，而且要求教材中的文化知识内容、教材的建设等均符合跨文化交际能力培养的要求。

（一）把握基本特征与原则

在英语教学的跨文化转型的背景下，英语教材作为教学的主要载体，应该能够满足教师的教学需求，更重要的是能够满足学生的不同需求，能够潜移默化地丰富学生的文化知识，培养学生的文化素养，锻炼学生的自主学习能力、语言应用能力和跨文化交际能力。可见，切实将教材的编写与学生跨文化交际能力、实践创新能力的培养相融合并落到实处十分重要。具体而言，新时代的英语教材应具备以下几个基本特征：

第一，教学内容和语言时代发展相吻合，能够适应快速发展和变化的时代。

第二，要梳理好专业知识、学科知识和语言训练之间的关系，并处理好它们之间的关系。

第三，教材不能局限于知识的传授，要着眼于对学生思维能力、鉴赏批评能力、文化能力和创新能力的培养。

第四，教学内容要重点突出，具有针对性和实用性。

第五，教材要能够与多媒体、网络等先进的教育技术相结合，并能充分利用这些教学手段。

就编写原则而言，英语教材的编写应遵循系统性原则、交际原则、认知原则、文化原则和情感原则。具体来说，英语教材应系统地介绍英语的基础语言知识和基本语言技能；英语教材中材料的选择和练习的设计要具有可操作性和实践性；英语教材中语言材料的编排和练习的设计要充分考虑英语学习的基本规律；英语教材中语言材料的选取要体现主流文化。

（二）弄清英语教材中的文化内容

英语教学的跨文化转型对英语教材的文化内容提出了相应的要求。大部分的教材都十分关注和重视对学生语言能力的培养，却忽视了对学生文化意识和跨文化交际能力的培养。实际上，英语教材应能够培养学生的实际交际能力，能帮助学生在实际生活中进行交际，教材中的文化内容应满足学生跨文化交际能力发展的需要。具体而言，英语教材的文化内容应体现以下特征：

第一，英语教材中的文化内容应体现国际性和跨文化特征，除了要涵盖英语国家的文化知识，还要包括丰富的国际性文化知识。在经济全球化和文化全球化背景下，英语已经成为一门世界性语言被人们广泛使用，越来越多并非以英语为第一语言的人开始学习和使用英语，并试图和不同对象进行交际，因此英语教材中不仅要包含英语国家的文化背景知识，而且还要包含其他非英语国家的文化背景知识，也就是国际文化知识。

第二，英语教材的文化内容应覆盖面广，并且具有多样性，能够体现关于人本身、环境、生活方式、文化等方面的多样化知识，能够体现文化内容的核心，即价值观。

具体来讲，英语教材的文化内容主要体现在以下几个方面：

首先，英语教材应具有真实意义，也就是说英语教材中应包含目的语国家的文学、艺术、音乐等内容。

其次，英语教材应具有社会意义，也就是说英语教材应反映目的语国家的习惯、家庭、娱乐等。

再次，英语教材应具有语义意义，也就是说英语教材应体现语言的概念系统。

最后，英语教材应具有社会语言意义，能够让学生了解社会地位、年龄等对语言的影响，并能够帮助学生熟悉不同的写作文体。

除此之外，英语教材应包含本民族文化知识，丰富学生的本民族语言和文化知识，帮助学生树立文化自信，使学生能够用英语传播本民族文化。

三、英语教材的选择和使用

（一）英语教材的选择

随着英语教学的跨文化转型，现在的英语教学已经将跨文化能力的培养提升到了与语言能力培养同等重要的地位，在选择英语教材时就应对此加以注意，并体现这一理念。英语教材的选择应充分考虑跨文化交际能力培养的需要，在选用教材之前，教师和管理者应深入分析教材的优缺点，对教材进行全面评估，从而选择最佳的教材。

具体而言，在选择英语教材时，要充分考虑学生的学习动机、学习兴趣和语言水平；考虑所涉及的文化内容的广度及系统性，注重文化信息和主题的呈现形式，注重文化传播的过程；考虑教材运用的实践性和可操作性；注重文化意识和跨文化交际能力的培养。当选择原版教材时，就要关注教材要满足教学实际的需要，也要考虑学生的语言能力和需要。

（二）英语教材的使用

课堂上如何使用教材，即如何保证学生、教材、教师之间的交互质量，对学生的文化学习和跨文化交际能力的培养起重要的作用。

每一教学环境都有其独特性，而且受多种因素的影响，如学生的学习动机、资源的可供性、课堂的动态性、教学大纲的限制等。为了更有效地开展教学，切实培养学生的跨文化交际能力，教师需要对教材进行必要的改编。具体而言，教师在使用教材过程中要具有一定的自主性、灵活性和创造性。教师在教学实践中以课本为主，同时辅助其他教学材料，也可以结合实际教学情况对教材进行必要的增减、改动和替代，科学、有效地使用教材。自主、灵活、创造性地使用教材具有显著的优势，即通过课本，教师可以获得课堂教学的通用框架，使教学有据可依；采用其他教学材料，可以弥补课本的不足；对教材进行必要的调整，能够有效满足学生的需要，也为多样性教学活动的开展和教学技术的运用提供了空间。

对此，教师除了要依据教学大纲、教学目标、学生需求使用核心教材，还要自主地、灵活地、有选择性地利用、整合其他各类教材内容和多媒体技术、网络资源、影视节目等课程资源，并且根据学生的实际情况和教学需要对这些资源进行改编、加工等，以激发学生的学习兴趣，为学生提供练习的机会，满足学生的学习需求。值得注意的是，教师在对教材进行改编时，首先要对教材和教学环境有深入的了解，同时要充分考虑学生的实际情况，包括学生的学习动机、学习兴趣和学习风格等。

总体而言，教师在使用教材过程中，应不拘泥于课本，从实际情况出发，合理筛选、整合、利用教学资源，灵活、创造性地使用教材。

参考文献

[1] 付烨 . 高校英语教学改革与英语语法研究 [M]. 长春：吉林出版集团股份有限公司，2023，11.

[2] 赵春花 . 高校英语教学与大学生英语自主学习能力培养 [M]. 长春：吉林出版集团股份有限公司，2023，11.

[3] 曾妹云，王立军，赵振宇 . "互联网 +" 视域下高校英语教学改革与策略研究 [M]. 北京：中国书籍出版社，2023，09.

[4] 冯辉 . "互联网 +" 时代下高校英语有效教学方法研究 [M]. 长春：吉林出版社，2023，09.

[5] 王蕊，赵慧 . "互联网 +" 背景下的高校英语教学创新研究 [M]. 长春：吉林出版集团股份有限公司，2023，08.

[6] 李俊丽 . 互联网 + 时代高校英语教学与教师职业发展研究 [M]. 长春：吉林大学出版社，2023，08.

[7] 刘敏 . 高校英语教学探索 [M]. 青岛：中国海洋大学出版社，2023，07.

[8] 崇斌 . 新时代高校英语教学创新与实践研究 [M]. 延吉：延边大学出版社，2023，06.

[9] 王芳 . 信息化时代高校英语教学理论与方法的多元研究 [M]. 长春：吉林出版集团股份有限公司，2022.

[10] 高琳琳 . 高校英语教育教学方法与教学策略研究 [M]. 长春：吉林出版集团股份有限公司，2022.

[11] 吴婷 . 高校英语教学理论及实务研究 [M]. 长春：吉林出版集团股份有限公司，2020，07.

[12] 张娟，金靓，王永娟. 高校英语教学思维创新研究 [M]. 西安：西安出版社，2020，07.

[13] 孙丽. 高校英语教学设计优化与模式改革 [M]. 长春：吉林出版集团股份有限公司，2020，06.

[14] 秦延梅. 基于移动互联网环境的高校英语教学研究 [M]. 北京：北京工业大学出版社，2018，12.

[15] 黄义娟. 新形势下高校英语教学与发展探讨 [M]. 北京：中国水利水电出版社，2018，09.

[16] 唐旻丽，周榕. 现代高校英语教学方法的多维研究 [M]. 北京：中国戏剧出版社，2018，09.

[17] 杨蕾. 互联网时代高校英语教学思路创新与发展研究 [M]. 北京：中国商务出版社，2023.

[18] 石砾. 互联网时代高校英语教学创新研究 [J]. 吕梁教育学院学报，2023（3）.

[19] 周萍. 互联网背景下的高校英语教育教学实践 [J]. 食品研究与开发，2023（22）.

[20] 赵菁. "互联网+"背景下高校英语混合教学模式探索与思考[J]. 成长，2023（11）：139-141.

[21] 张杨. "互联网+"背景下的高校英语教学策略研究 [J]. 智库时代，2023（16）：197-200.

[22] 高蕾. 基于"互联网+"环境下的高校英语阅读教学策略分析 [J]. 海外英语，2023（20）：106-108.

[23] 叶春玲. "互联网+教育"视角下高校外贸函电英语教学研究 [J]. 智库时代，2023（11）：147-150.

[24] 夏冰. "互联网+"环境下高校英语翻译教学的创新策略 [J]. 太原城市职业技术学院学报，2023（12）：136-138.

[25] 孙楠. "互联网+"环境下高校英语阅读教学的措施分析 [J]. 海外英语，2022（13）：103-104，109.

[26] 顾菲 . 互联网时代高校英语教育教学模式的创新路径探析 [J]. 教育研究前沿，2022（2）：97-100.

[27] 刘凡 . 基于互联网技术的高校英语教育教学模式创新 [J]. 食品研究与开发，2022（7）：234.

[28] 熊珍 . "互联网 +"时代高校英语混合式教学设计创新探究 [J]. 海外英语，2022（1）：91-92.

[29] 张红 . 试论"互联网 +"时代高校英语教学方式 [J]. 数字通信世界，2020（10）：249-250，264.

[30] 刘娴 . "互联网 +"时代高校英语口语教学策略的分析 [J]. 海外英语，2021（21）：144-145.

[31] 孙莹莹 . "互联网 +"思维模式下的高校英语教学探研 [J]. 成才之路，2021（20）：28-29.

[32] 张艳璐 . "互联网 +"环境下高校英语阅读教育教学创新 [J]. 教育信息化论坛，2021（11）：49-50.

[33] 刘本英 . "互联网 +"背景下高校英语生态化教学模式的重构 [J]. 普洱学院学报，2021（1）：123-125.

[34] 杨群 . 德育视域下高校"互联网 +"大学英语课程思政教学模式研究 [J]. 陕西教育（高教），2022（10）：23-26.

[35] 王祎晨 . "互联网 +"多模态教学模式下高校学生英语写作能力研究 [J]. 现代英语，2022（10）：37-40.

[36] 傅榕 . "互联网 +"环境下高校英语教学分析 [J]. 当代教育实践与教学研究，2019（9）：7，24.

[37] 周霓忻 . "互联网 +"背景下高校英语课堂教学优化策略探究 [J]. 文化创新比较研究，2020（22）：67-69.

[38] 马璐璐 . "互联网 +"时代信息技术与高校英语教学的整合发展 [J]. 新教育时代电子杂志（教师版），2020（5）：214.

[39] 金沙丽 . 基于"互联网 +"思维的高校英语信息化教学路径探究 [J]. 现代英语杂志，2020（15）：18-20.